JN104993

図解でわかる!

# イップスの克服

## 個別メニュー作成と段階的トレーニングで治す

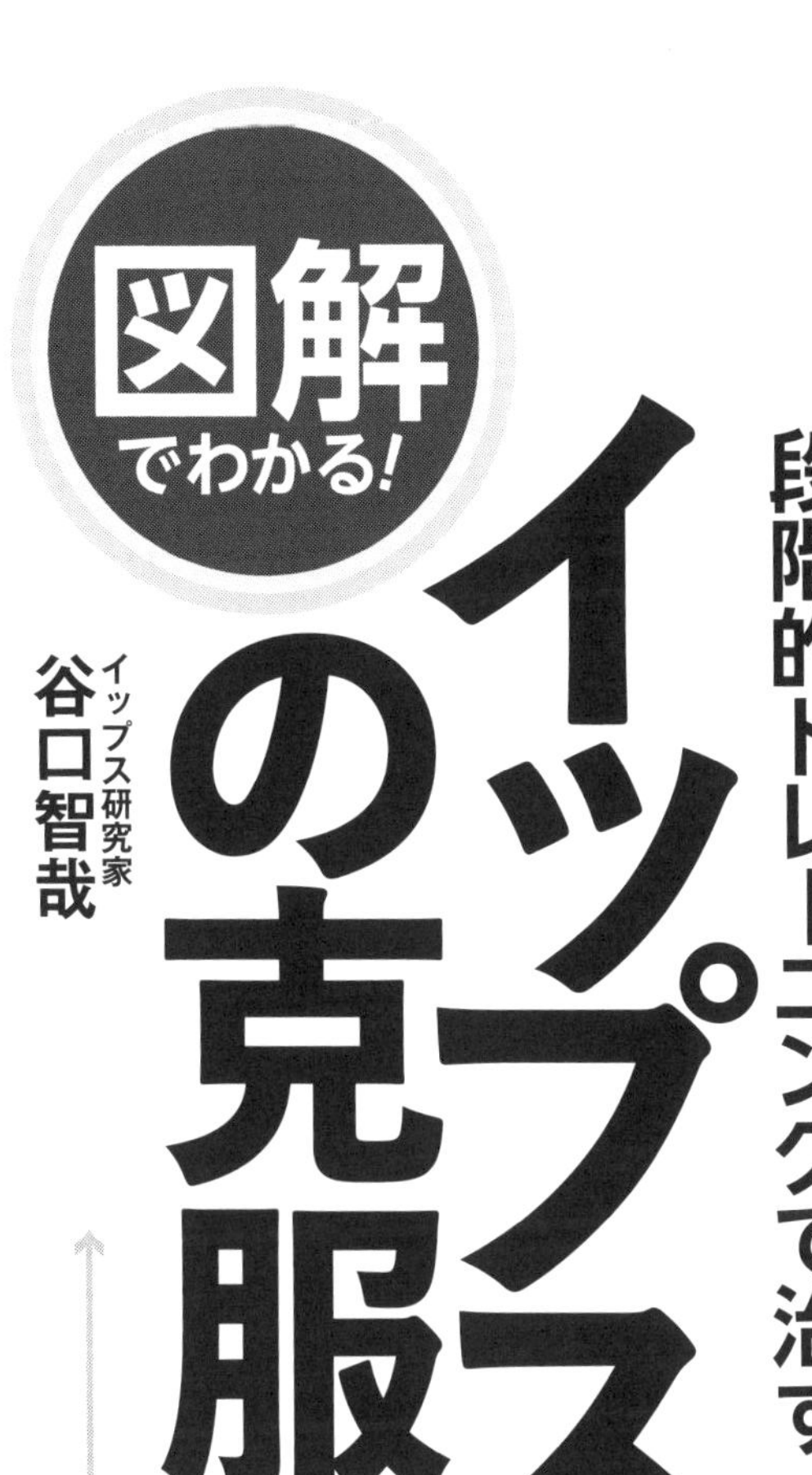

イップス研究家
谷口智哉

BAB JAPAN

# はじめに

本書を手に取っていただき、ありがとうございます。

イップスで悩んでいる選手に向けて、克服方法を解説した本を書かせていただきました。図やイラスト、具体的な症例を用いてイップスを克服するための練習に取り組めるように構成しています。

なぜ、この本を世に出そうと思ったかというと、まさに私自身もイップスに悩んだ経験があったからです。

私は小学校時代に野球を始めて、中学生のときは部活ではなく世田谷西シニアという硬式野球チームに所属しました。そこで結果的にチームは全国制覇を果たし、推薦入試を経て慶應義塾高校に入学しました。

ここまで聞くと、「小さい頃から高いレベルでやっていて、元から才能があったのですね」と思う方もいるかもしれませんが、そんなことは全くありませんでした。身長も大きくないですし、身体能力もそこそこで、常にレギュラー争いギリギリの戦いをしていました。中学生のときは運良く結果が出たので良かったのですが、高校生になってからは余裕がなくなってストレスが積み重なり、イップスにつながっていきます。

私がイップスになったきっかけは、大事な試合での致命的なミスの連続によるものです。そのミスの内容については後ほど説明しますが、その試合以降、以前は当たり前にできていた「投げる」という動作ができなくなっていきました。投げることに自信がなくなったことで、ボールを捕ることやバッティングなど他のプレーにも悪影響が出て、どんどん下手になっていくのがわかりました。当時は、とにかく練習するしかないと練習量を増やしたのですが、逆に悪化していく一方でした。

投げるときにテイクバックで一瞬固まるような感覚が出たり、投げたらとんでもない方向へすっぽ抜けたり、地面に叩きつけたりと、言葉にできないような気持ち悪い感覚と常に戦うようになっていました。

野球が全然上手くいかないので、普段から元気がなくなったり口数が減ったりと、日常生活にも支障をきたしました。何とか現状を改善しようと、必死にネットや本などで情報を集めてとにかく試行錯誤を繰り返しましたが、イップスに関して当時あまり情報がなく、今ひとつピンとくるものがなくどんどん追い詰められていきました。相談できる相手もいませんでした。

結局、状況は改善しないまま、一番大事な高校3年生の夏、メンバーに入ることなく高校野球が終わりました。「何で、こんなことになってしまったのだろう…」人生で一番悔しい瞬間でした。正確には、悔しいというより不完全燃焼で終わったことへの自分に対する虚しさだったと思います。

こんなかたちで野球をやめるわけにはいかない。高校時代のリベンジを果たすべく、慶應義塾大学の野球部に入部して野球を続けようと決めたのですが、イップスのままでは全く同じ結果になってしまう。そう思って、イップスについてきちんと学び始めました。

いくつかの専門家を訪ねて指導や治療を受けて、得た知識をもとに練習を行っていきました。そして、試行錯誤を重ね5年間の練習の末、大学4年生のときにはイップスになる前の自分とは比べ物にならないほどの送球ができるようになりました。周りからは「送球がすごく良くなっているけど、何があったの？」とか「レーザービームだ！」みたいに言われたことを覚えています。

本当に嬉しかったです。自分がこんな球を投げられるようになるとは全く思っていなかったので、ものすごく感動したのを今でも覚えています。「イップスは悪いものではなく、乗り越えることで他の人よりも一つ上のステージに行ける」「イップスは才能」、そう確信した瞬間でした。

この経験を同じように悩んでいる人に伝えたい。そんな思いからイップス克服の指導を始めて、現在に至ります。

本書は、これまでの自分の経験と指導実績をもとにまとめた一冊です。イップスで悩んでいる選手や、選手に関わっている指導者や親御さんに読んでいただきたいと思っています。もう一度、楽しく競技を続けられるきっかけになると信じています。

本書の読み方と活用方法について説明しておきます。

第1章、第2章、第3章でイップスに関する基礎知識やメカニズムについて解説しています。まずはイップスの全体像を把握するために読んでみてください。

そして第4章以降では、具体的なイップス克服トレーニング解説に進んでいきます。本書ではイップスを克服するために、3つのステップを順番に進むことが必要だと伝えています。

第4章は、最初のステップであるイップスレベルの把握についての解説。第5章では、次のステップであるメニュー作成についての解説。第6章では、最後のステップである克服トレーニングの実践について解説しています。

イップス克服の指導を始めて以来、イップスで悩むたくさんの人から相談を受けてきました。今まで10年以上も悩んで改善されていない人や、休日に趣味としてスポーツを楽しみたいのにイップスのせいでできない人、競技をやめてイップスという悩みからは解放されたけど心のどこかでモヤモヤをずっと抱え続けていた人など、実は多くの方が悩んでいる問題だと思います。

スポーツは本来、楽しいものです。プロのアスリートはもちろん、学生の部活や、趣味で競技を続ける社会人の方、競技レベルや年齢を問わず、気持ち良く楽しく競技を続けたいという全ての方へ、この本の内容が役に立ったら嬉しいです。

**イップス研究家　谷口智哉**

## 本書の活用方法と進め方

**第1章～第3章**

イップスの基礎知識とメカニズムを理解

**第4章**

「イップスレベル診断シート」で

イップスレベルを把握

**第5章**

「メニュー作成シート」で

専用の練習メニューを作成

**第6章**

「スモールステップ」という進め方をもとに

トレーニングを実践

第1章

# イップスって何？

第2章

# イップスが悪化するメカニズム

## 第3章 競技別イップスの実例 …… 89



## 第4章 イップス克服トレーニング① レベル把握編 …… 125

第5章

# イップス克服トレーニング②　メニュー作成編・▼

第6章

# イップス克服トレーニング③ 実践編

# 第1章

# イップスって何？

# 憶測だらけのイップス情報に惑わされるな！

あなたはイップスについてどれくらい知っていますか？

「緊張して腕が動かなくなる症状」「マンガとかで、イップスという言葉は何となく知っている」「ゴルフのパターが打てなくなるもの」「有名選手がイップスで活躍できなくなった話は聞いたことがある」「イップスの人の動画を見たことあるけど、正直ビックリした」これらの答えが世間一般の認識だと思っています。

私もイップスに悩んでいた高校時代は、その名称とちょっとした症状の理解ぐらいでした。そして何より、すごくネガティブなイメージを持っていました。周りのチームメイトや指導者の方々を含めても、理解度に大きな差はなかったと思っています。

なぜ、イップスという症状が現れるのか？　どうすれば克服できるのか？　このあたりの重要な部分に関しては、残念ながら今でも全く知識が広まっていないのが現状です。実際のところ「イップス？　よくわからないな…」というのが世間の本音です。

そのため、イップスと聞けば「メンタルが弱い、ビビっている、ただの下手くそ、スポーツ選手として終わり、恥ずかしい、周りに言いたくない、ごちゃごちゃ考えすぎ」といった様々な憶測が飛び交っています。

確かに、その言い分はわかります。もし、私自身イップス経験が全くなかったら、体のどこにも異常がない選手が、試合になるとミスを連発して体が思うように動かなくなっている状況を見ると、その選手に対して「あいつ、どうした？」と、ネガティブなイメージを持ってしまう可能性も否定できません。

今まではこういった状態を根本的に解決する方法がなく、「もっとこうしたらいいんじゃない？」と、様々な立場の人が憶測でアドバイスをしてきます。イップスに悩んでいる選手からすると、かなりしんどい状況です。余計に混乱して、できない自分を責めることにもなりかねません。こういった憶測だらけな現状が、選手を苦しめていることは紛れもない事実です。

そのせいで「おかしいな…、もしかしてイップスかな？」と思っても、指導者は「イップスなんてない。いいから練習しろ」「とりあえずしばらく自主練やっとけ」という対応になり、チームメイトは「何も気にせず投げたら？」「とにかく腕を振ってみなよ」「身体に染み込むまで練習するしかないでしょ」とアドバイスをくれるものの、「それができたら苦労してないよ」と心の中で思ってしまいます。

親に相談しても「イップス？　もっと練習しなさい」と、あまり取り合ってもらえないことが多く、ネットで検索していろいろな記事や動画を見ても、断片的な情報であるため一時的に良くなることはあっても、長続きせずまた元に戻ってしまいます。

接骨院や整骨院の先生は、体のことについての相談には乗ってくれるものの、イップスについての相談は、なかなかしづらいです。病院に行ったとしても「安静にしましょう」と言われて終わってしまった声も聞きます。つまり、周りに相談したくてもできない現状なのです。

現在では、イップスに対しての理解は広まっているように感じます。バカにされるということは、昔に比べたら減ってきているかなといったところです。

しかし、理解はしてあげられるものの、解決してあげることはできないのが現状です。こんな状況で選手はどうするかというと、周りに言ったところで解決しないし、わざわざネガティブなイメージを持たれているイップスを、自分から知らせることに何もメリットがないので、隠してごまかそうと一人で頑張ります。しかし、これでは克服するのはあまりにも難しいです。

今後のためにも、ここだけは強く言いたいのですが、もういい加減、憶測だけでイップスを判断するのは止めましょう。イップスを正しく知れば、メンタルが弱いわけでも練習不足なわ

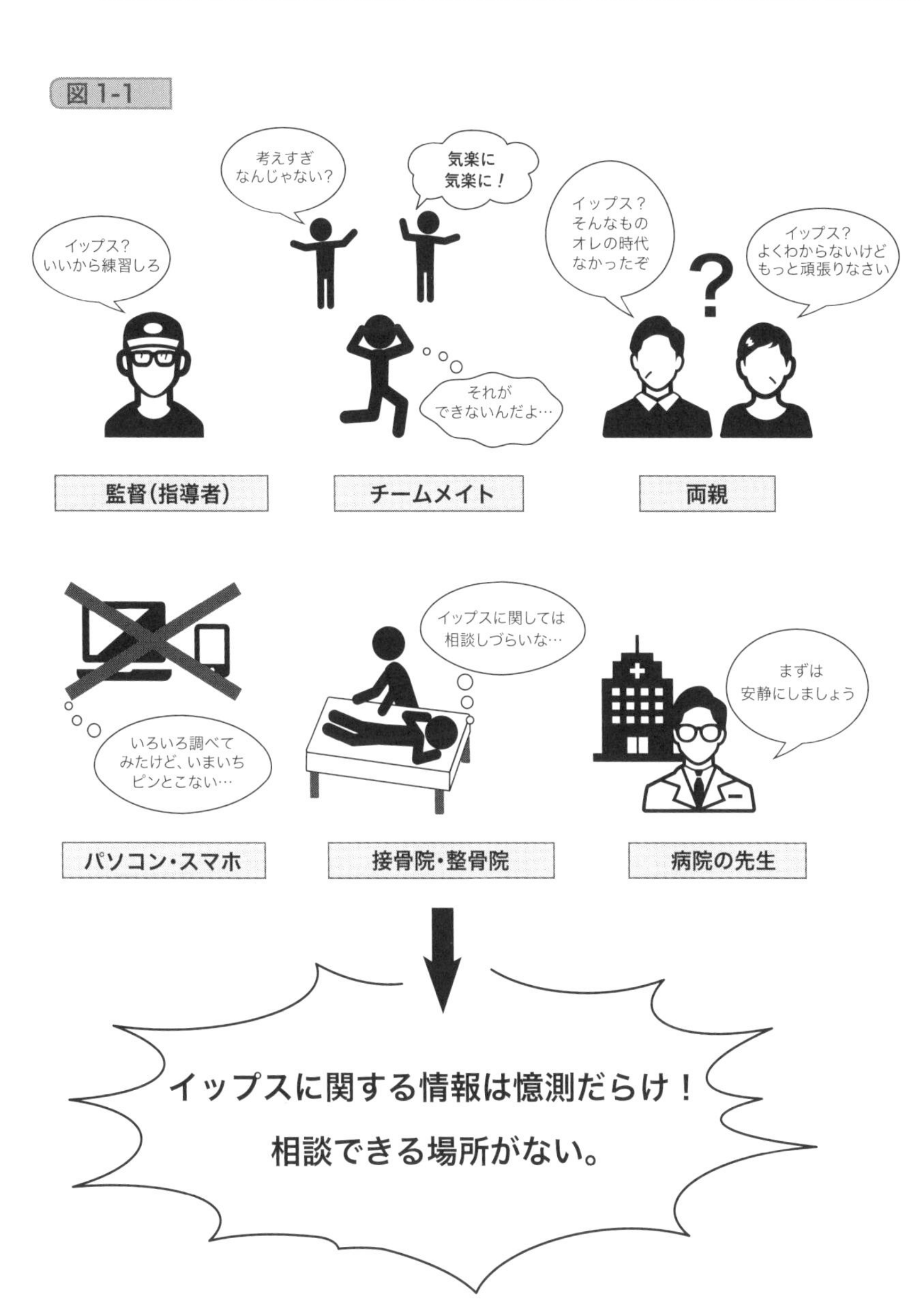
図1-1
考えすぎ
なんじゃない？
気楽に
気楽に！
イップス？
いいから練習しろ
イップス？
そんなもの
オレの時代
なかったぞ
?
イップス？
よくわからないけど
もっと頑張りなさい
それが
できないんだよ…
監督(指導者)
チームメイト
両親
イップスに関しては
相談しづらいな…
まずは
安静にしましょう
いろいろ調べて
みたけど、いまいち
ピンとこない…
パソコン・スマホ
接骨院・整骨院
病院の先生
イップスに関する情報は憶測だらけ！
相談できる場所がない。

けでも恥ずかしいものでもないことが、当たり前のように理解できます。

そして本書では、今まで憶測だらけだったイップスについて理論的に説明し、克服のトレーニング方法を具体的に解説していきます。ただし、憶測でイップスを判断している状態だと、克服できるものもできなくなってしまうので、まずはイップスについての基礎知識について解説していきます。

## どんな状態を「イップス」と呼ぶのか?

「ゴルフの大事な場面のパターで、腕が動かなくなる……」

このような現象に、名前をつけたものがイップスの始まりです。ゴルフが発祥だと言われています。

そこから他のスポーツにも広まって現在に至るのですが、結局どんな状態をイップスと呼ぶ

図1-2

イップスの始まりは、パターから…

のか、わかりづらいと思います。このパターの例だと、どこからイップスと呼べるのでしょうか？

試しに質問してみると、「腕がプルプル震えて、まともに打てなくなる状態になったらイップス」「試合になると緊張して、パットが全く入らない状態になったらイップス」といった様々な答えが返ってきます。

もちろんそれらは症状の1つなので正解です。しかし、どこからイップスと呼び、どこからは呼ばないのか？　この質問の回答としては納得感が少ないように感じます。

それに伴って、どうしても技術的な問題と比較されがちなので、「イップスはプロレベルの選手しかならない。下手な人は、そもそも技術不足だからイップスじゃない」など、ここでも様々な憶測が飛び交っています。

本書を読み進めていくにあたってイップスを誤解した状態で情報を受け取って欲しくないので、最初にどんな状態をイップスと呼ぶのか？　イップスの定義について説明しま

図 1-3

**イップスの定義**

今までできていたことが、何らかのきっかけによって、
思い通りにできなくなってしまう症状

図 1-4

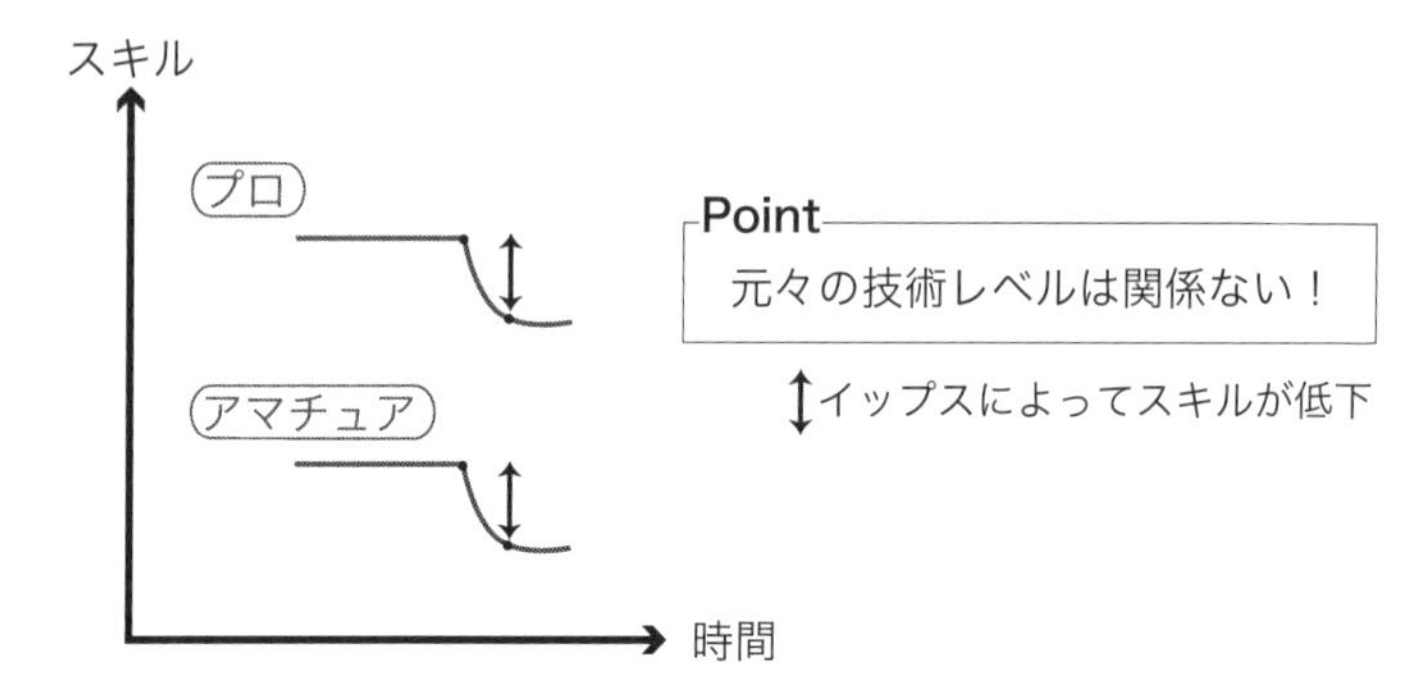


す。その定義に沿って、メカニズムやトレーニング方法を書いているので、イメージをずらさないためにも、まずはイップスの定義を頭に入れておきましょう。

イップスの定義は、「今までできていたことが、何らかのきっかけによって、思い通りにできなくなってしまう症状」のことをいいます。

つまり、その人の技術がプロレベルだろうが、アマチュアだろうが、何らかのきっかけによって、思い通りにできなくなって症状が見られればイップスです。技術が高い選手は、そのレベルでできなくなります。技術があまり高くない選手は、そのレベル

図1-5

からもっとできなくなった状態を呼ぶため、元々の技術レベルは関係ありません。

私も経験があるのでわかりますが、以前できていたことができなくなることは、元々できない状況と比べるとはるかに辛いのです。せっかく時間をかけたのに、それが全部ムダになったのではないかという感情になります。

技術的に見ると単純に下手になっているので、どうしても以前できていた自分と比べてしまいます。「前みたいにできていれば…」と葛藤が起きますし、周りからの期待を裏切ることになります。「あいつが、落ちぶれるとは…」と陰口を叩かれることもありえるでしょう。

練習をサボっていたならまだ納得できますが、イップスで悩む選手は、努力はしていてやりすぎぐらいのケースが多いです。そういった要素も重なって悩みが深刻化していきます。

「本当に克服できるのか？」もはや疑う気持ちも出て自信が消え失せて、日常生活にも支障が出てくる。この状況はイップスに悩んでいた当時の私ですが、そんな状態になります。

ただ、安心してください。そんな私でも克服できましたし、練習の進め方さえ間違えなければ、誰でも克服することは可能です。

イップスを克服するという経験は、競技のパフォーマンスアップ以外にも、自分自身に対して良い影響をもたらします。その理由は、イップスがスポーツだけではなく日常生活や仕事など、様々な場面で起こっているからです。イップスに対して理解を深めることで事前に予防することもできますし、悪い方向に向かっている自分に気づいて軌道修正できるようになります。

今後、あなたが他の場面でもイップス経験を活かすために、どのようなイップスがあるのか理解を深めていきましょう。

# 実際にどのような症状があるの？

では、実際にどのような症状があるのでしょうか？　いくつかのスポーツにて具体例を紹介

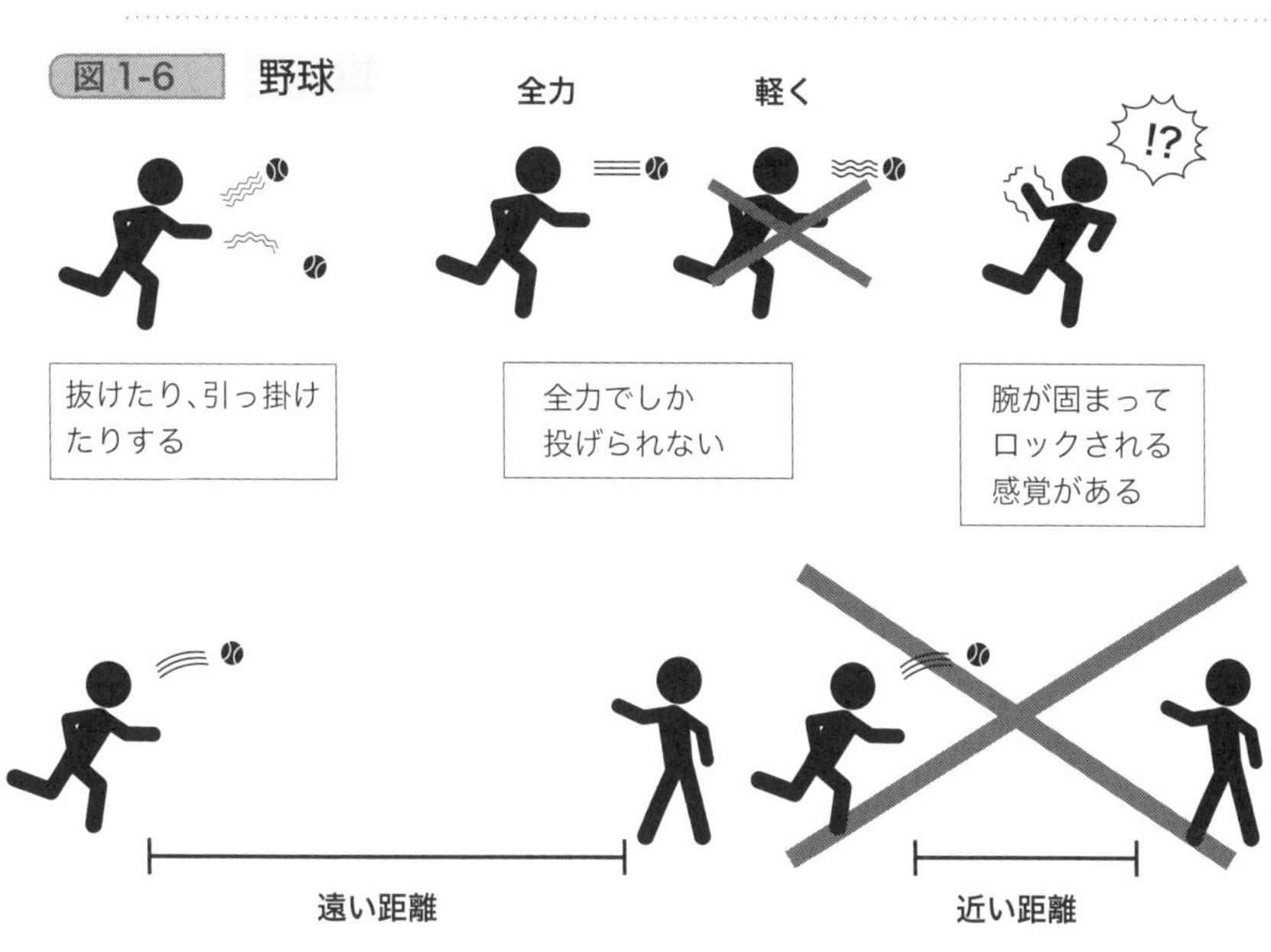


していきます。

イップスと聞くとゴルフや野球などが有名ですが、全てのスポーツにイップスは存在します。まずは「へえ、そんな事例もあるんだ」くらいに気軽に読み進めてください。

## ◎野球におけるイップス症状

- **投げるとすっぽ抜けたり、叩きつけてしまう。**
- **全力でしか投げることができない。**
- **塁間以下の微妙な距離になると投げられない。**
- **腕が固まってロックする感覚がある。**
- **リリースの感覚がない。**

## ◎ゴルフにおけるイップス症状

・パターになると、腕が動かなくなる。
・短いアプローチショットだけが打てなくなる。
・ラウンドでのドライバーになると、打てなくなる。

図1-7　ゴルフ

パターになると腕が動かない

短いアプローチショットが打てない

ドライバーで硬直してしまう

・池やバンカーがあると打てなくなる。
・勝敗に影響するショットになると打てなくなる。

## ◎テニス・卓球におけるイップス症状

図1-8　テニス＆卓球

フォアハンドになると打てない

サーブになると思うように打てない

・フォアハンドだと打てなくなる。
・バックハンドになると打てなくなる。
・サーブのトスが上げられなくなる。
・セカンドサーブになると打てなくなる。

**図1-9　ダーツ**

腕が震えてしまい、
投げられない

**図1-10　サッカー**

PKになると変なところ
に蹴ってしまう

## ◎ダーツにおけるイップス症状

・指先が震えてしまう。
・構えに入った途端、リリースされてしまう。
・試合になると、リリース位置がバラバラになってしまう。
・重要な局面になると、動きが固まってしまう。

## ◎サッカーにおけるイップス症状

・完全にフリーな状況になると外してしまう。
・PKで上手く蹴ることができない。
・試合になると、積極的に動くことができない。
・キーパーで、簡単に止められるシュートで体が固まる感覚がある。

図 1-11　バスケットボール

フリースローになると
思い通りに打てない

## ◎バスケットボールにおけるイップス症状

・フリースローになると自然に打てない。
・完全にノーマークのシュートになると思うように打てない。
・試合になると、動きが固まってしまう。
・重要な場面になるほど、シュートがとんでもなく外れる。

図 1-12　弓道・アーチェリー

完全に構える前に離してしまう

## ◎弓道・アーチェリーにおけるイップス症状

・構えたら、腕が震えてしまい、ターゲットを狙えない。
・完全に構える前に打ってしまう。
・構えを保つのが気持ち悪いと感じる。
・力が入る感覚がなくなってしまう。

図1-13　ダンス

どのように動いているか
わからなくなる

図1-14　水泳

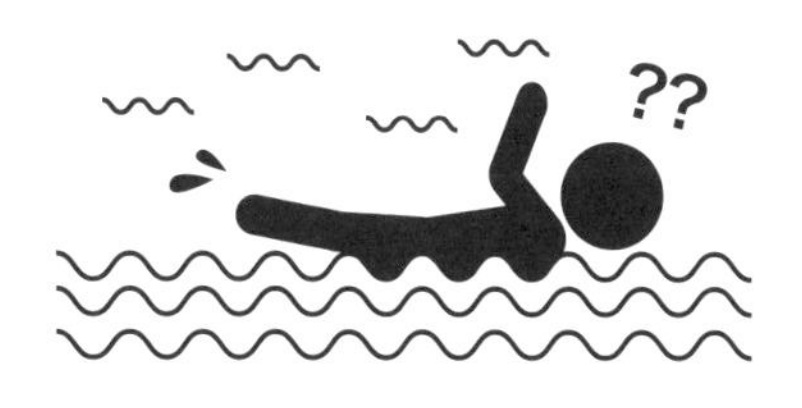


泳ぎ方がわからなくなる

## ◎ダンスにおけるイップス症状

・どのように動いているか、わからなくなる。
・鏡を見ると、動きが崩れていってしまう。
・観客の数によって、踊りのパフォーマンスが全く変わる。
・全力を出して踊ることができない。

## ◎水泳におけるイップス症状

・どんな泳ぎで泳いでいたのか、忘れてしまう。
・大会になると、息が続かなくなる。
・泳ぎたいイメージはあるのに、体がついてこない。
・練習では泳げるのに、試合になると体が固まってしまう。

スポーツの事例は以上です。次に日常生活やその他の事例も補足で紹介します。

## ◎日常生活や様々な場面でのイップス症状

・大勢のいる場面になると、思うように会話ができなくなる。
・異性との会話になると、頭が真っ白になって上手く話せない。
・スピーチの原稿を覚えたにもかかわらず、本番で忘れる。
・漫才のネタが飛んでしまった経験から、以前のようなテンポでできない。

## ◎音楽におけるイップス症状

・ソロになると、ミスをしてしまう。
・特定の箇所になると、上手く音が出ない。
・今まで出せた高音が思うように出せない。

このように今までできていたことができなくなり、何らかの症状が起こるのがイップスです。
では、なぜできていたことができなくなったり、症状が現れたりするのでしょうか？　その正体に迫っていきましょう。

## 「あれ？　おかしいな…」その違和感がイップスになるまで

まずイップスの定義である「今までできていたことが、できなくなる」ことについて、もう少し掘り下げて説明していきます。ここから少し難しく感じる表現が多くなりますが、図と合わせて読んでみてください。

できていたことができなくなる原因は「トラウマ」にあります。トラウマとは強い感情をともなう失敗や恐怖体験によって、何度もリアルに映像がフラッシュバックされたり、不安や緊張が突然思い出されたりする「辛い記憶」のことです。

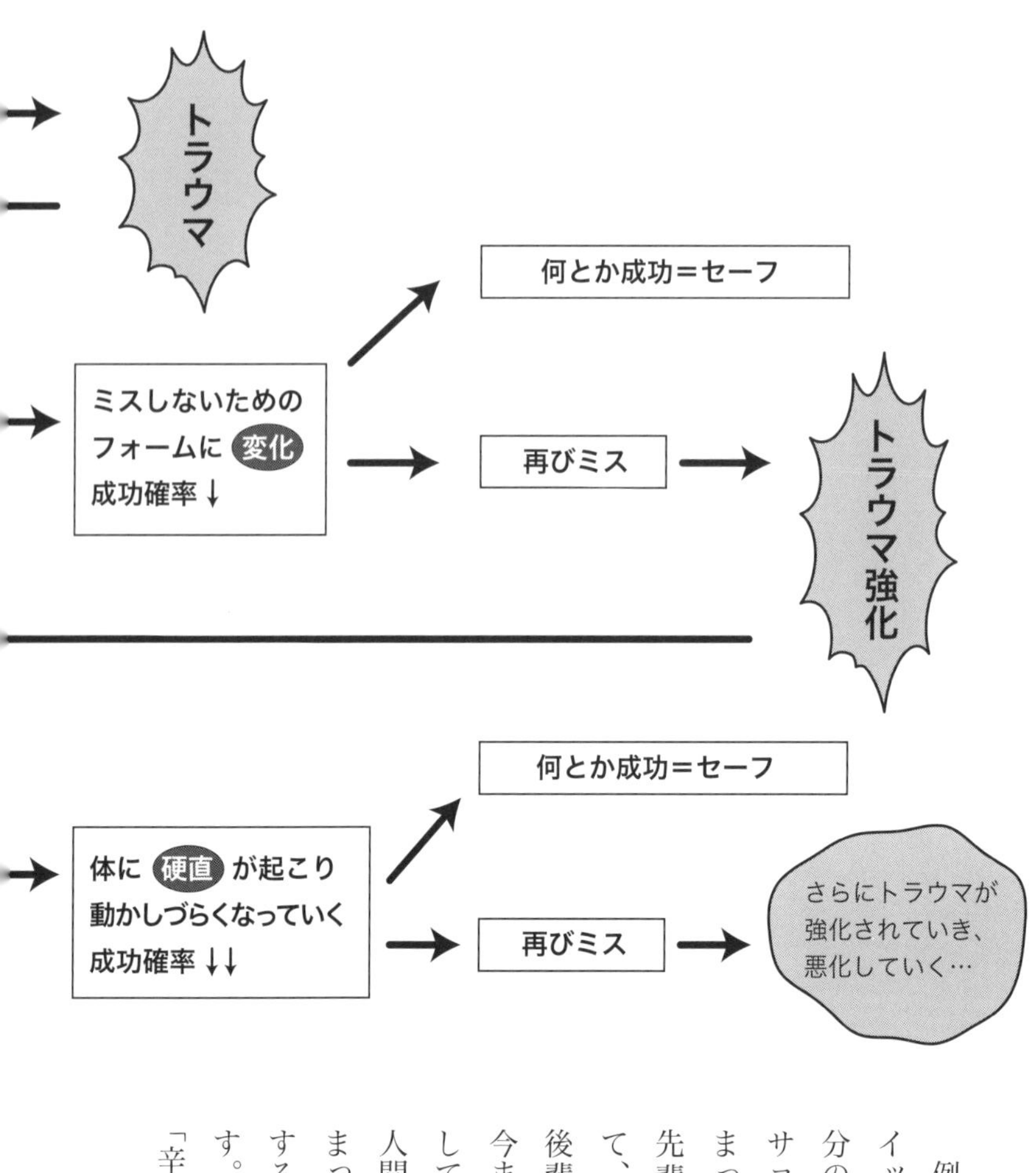


例えば、野球の送球イップスの場合で、自分の送球エラーで逆転サヨナラ負けしてしまったとしましょう。先輩たちは全員泣いて、監督、指導者、仲間、後輩、保護者の方々、今まで周りでサポートしてくれていた全ての人間に迷惑をかけてしまったとします。想像するだけで辛い状況です。これが自分の中で「辛い記憶」として記

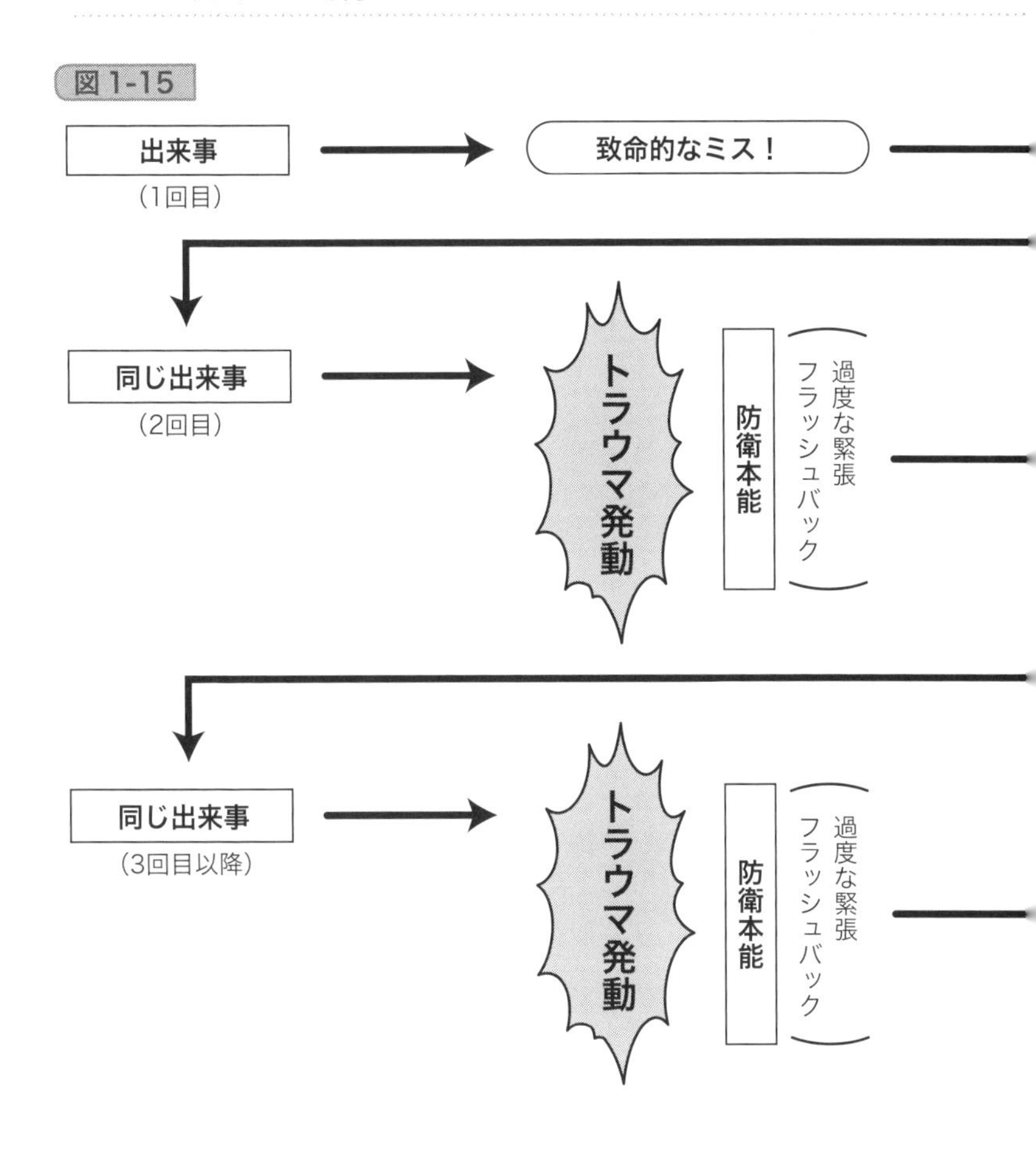


憶されます。

この状態でまた同じ場面が来たら、再び送球エラーをして辛い経験をしないために、なるべく回避しようと脳が働きかけます。人間は生存することが最優先事項であるため、危険な状況から逃れるために防衛本能を備えています。防衛本能の働きによってフラッシュバック、不安、過度な緊張などが起こります。「投げるな！　危険だぞ！」という脳からの危険信号です。

ただし、野球のルール的には投げない選択を取ることができません。投げないという選択をしてしまうと「おい、投げろよ!!」と、周りから怒られる可能性が高いからです。投げない選択のほうが危険ということになります。つまり一番安全なフォームで投げようとします。

そうなると置きにいくような投げ方になって、通常のフォームが変化します。フォームが変化することで、今までと違うボールになります。ここで、上手くいけばいいですがミスをしてしまうと、「またやってしまった…」とさらにトラウマが強くなっていきます。

そうなると、次にまた同じ場面がやってきたとき、それを回避させようと、防衛本能がさらに強く働きます。「また投げるのかよ…危険だぞ！」と、フラッシュバック、緊張をさらに高めます。

余計に腕が動かしづらくなりますが、それでも投げないよりはマシなので、できるだけ安全なフォームで何とか投げます。ここでも、今まで構築してきたフォームとは違う動作になるので、球の質が変わります。フォームが安定しないので、ミスは確実に増えていきます。

これを繰り返していくことで、今まで投げていた動作が変わり、新たなイップス動作の投げ方が作られていきます。これをミスのループと呼んでいます。

# 気づいたらイップス動作を学習しているワケ

ミスのループを具体例で説明します。

ある大学生の話です。小学校から野球を始め、センスもあった彼は常に中心選手で、走・攻・守、揃った野手でした。高校でも甲子園出場は叶わなかったものの、主力選手として活躍しました。もちろんイップスで困った経験などありません。

そして高校での活躍が認められて、強豪の大学野球部に入部しました。順調に進んでいた野球人生でしたが、ここで思わぬ挫折を経験することになるのです。

1年生が練習の手伝いを行うことになっており、バッティングピッチャーをする役目があります。1年生が、4年生をはじめとするレギュラー陣に投げなければいけないのです。「ストライクを投げないといけない…」どうしてもそう考えてしまった彼は、投げていくうちにだんだん置きにいくような投げ方になり、フォームが変わっていることに気づかず投げ続けました。

何とかバッティングピッチャーを切り抜けましたが、その後の同期とのキャッチボールで、今までの感覚と違う違和感を覚え始めました。「あれ？　おかしいな…」。その後もバッティングピッチャーを繰り返し、気づいたらテイクバックで固まるような投げ方になってしまいました。前の投げ方に戻そうと思っても、感覚を忘れてしまったため戻すことができなくなり、完全にイップスになってしまいました。

何が起こったのかを説明していきます。これは、バッティングピッチャーをすることによって、気づかないうちにイップス動作（今までと違うフォーム）が定着していたのです。今までの投げ方は、幼少時代から繰り返して作られた強い球を投げるためのフォームでした。しかし、バッティングピッチャーで先輩に怒られるという危険な体験を起こさないために、無意識にフォームが変わって投げ続けたことで、気づかないうちに、新たなクセを作ってしまいました。自分では同じように動かしているつもりが、今までと違う感覚が現れるようになったのです。

なぜ、自分では覚えたくない動作を覚えてしまうのか。その理由を説明するために、人間が動作を覚えるメカニズムを「自転車」を例に説明していきます。人間が動作を学習する上で、大きく４つの段階があると言われています。

**図1-16　学習の４段階**

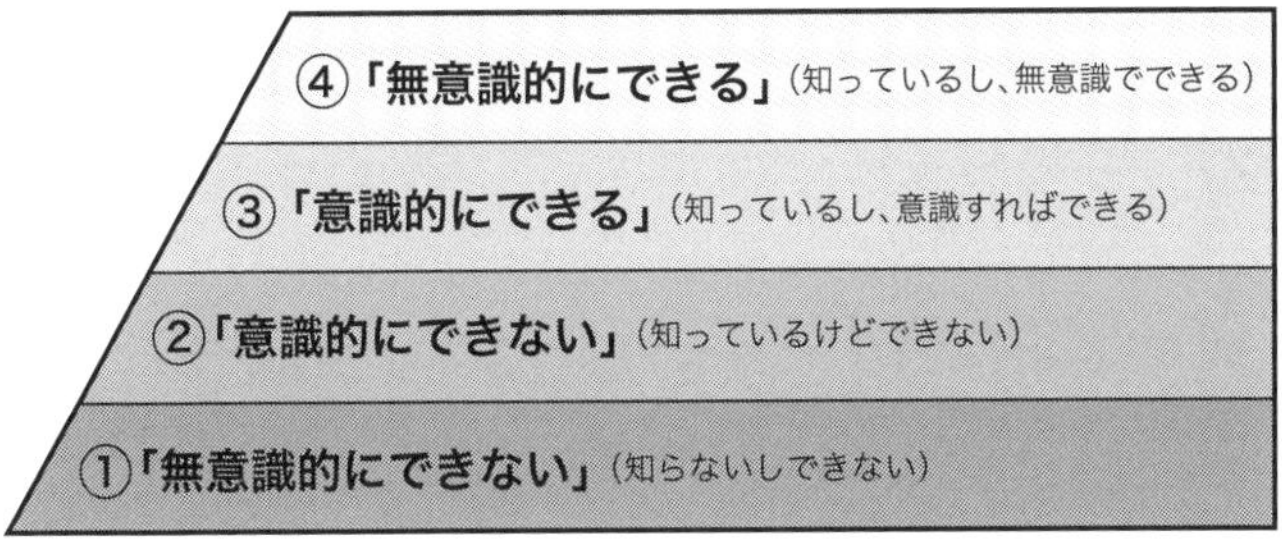

| |
|---|
| ④**「無意識的にできる」**（知っているし、無意識でできる） |
| ③**「意識的にできる」**（知っているし、意識すればできる） |
| ②**「意識的にできない」**（知っているけどできない） |
| ①**「無意識的にできない」**（知らないしできない） |

１つ目は「無意識的にできない」段階です。「自転車」という存在を、そもそも知らない状態です。知らなければ運転できるかどうかもわからない。こういった段階のことを指します。

２つ目は「意識的にできない」段階です。これは「自転車」という存在を知って、運転しようと試みたが、思うように運転できないという状態です。

３つ目は「意識的にできる」段階です。ここでは、まだ不安定ではあるものの、自転車を運転できるようになった状態です。この段階から、「できる」と呼べる段階になっていきます。

そして４つ目は「無意識的にできる」段階です。自転車においては特に何も考えずとも、無意識で運転できるようになった状態です。自転車に乗れる方ならわかると思いますが、特に何も意識せずとも運転できるはずです。

以上の4段階で、動作を習得していきます。これを「学習の4段階」と呼んでいます。このメカニズムとイップスがどう関係しているのかというと、その動作が良い悪いに関係なく、繰り返し行うことによって人間は「無意識にできるようになってしまう」ことです。

先ほどのバッティングピッチャーの例で説明すると、今までと違うフォームで投げ続けた場合、自分がそのフォームを身につけたくなかったとしても、学習が進んでしまいます。その結果、イップスになってしまったのです。

ここで伝えたいのは、だからこそ練習の取り組み方がとても重要だということです。間違ったフォームを身につけてしまうと修正に時間がかかってしまいますし、気づいたときは重度のイップスになっている可能性もあります。

# イップスのきっかけとなる5つの入口

トラウマを抱えることでそれ以降の動作が変化し、さらにミスを重ねる。それを繰り返すことで悪いフォームが定着する流れがイメージできたと思います。つまり、イップスは小さなズレから始まっていくということです。

ここで、小さなズレを起こしイップスのきっかけとなる5つの入口について紹介します。これまで多くの方のイップス相談に乗ってきて、どうしてイップスになったのか最初のきっかけを聞いていくと、ほぼこの5つに当てはまりました。

1つ目は「ミス」によるものです。これは、先ほど図1―15で説明していますが、辛い体験として記憶されて、それ以降の動作に支障が出るケースです。

2つ目は「ケガ」によるものです。何らかのケガによって、そのケガを再び引き起こさない

図 1-17　動作の変化が起こる５つの要素

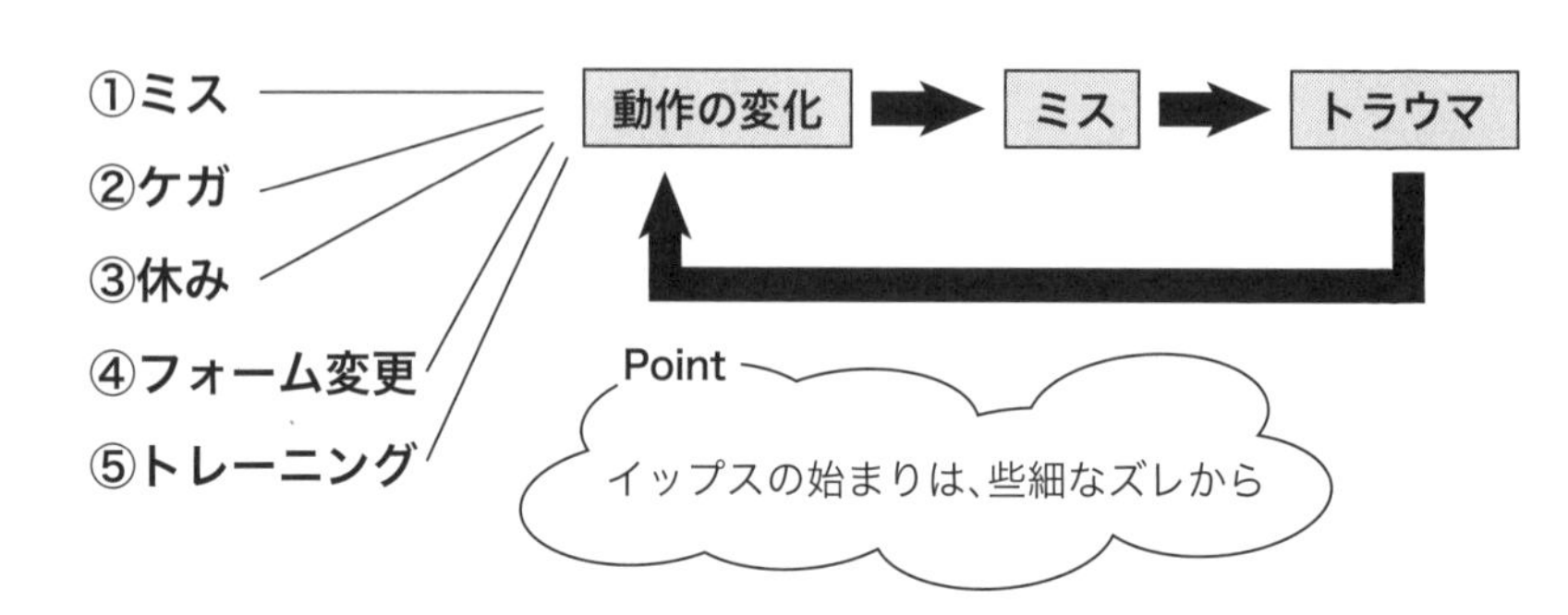


ように、かばうような動きになってしまうことで本来のフォームが変わってしまうケースです。

３つ目は「休み」です。競技を一定期間行わないことによって、以前の動作や感覚を忘れてしまうケースです。

４つ目は「フォーム変更」です。監督やコーチにフォームを変えてみるように言われ、変えたものの感覚が悪く、戻そうと思ったら前のフォームを忘れてしまったケースなどが挙げられます。

５つ目は「トレーニング」によるものです。肉体改造するために筋肉をつけると、今までと力の調節が変わります。そこから違和感を覚えて、感覚がおかしくなっていくケースです。

これら5つの要素から、動作が変化しミスをする可能性も以前より高くなります。そこでトラウマを抱えてしまうと、イップスが現れます。

ただ、これら5つの要素は、競技を続けていけば必ず経験するものだと思います。そのため、動作の変化が起こる場面になったとしても、イップスを予防し悪化させない方法を知っておくことが重要です。

次の章では、ここからどのようにイップス動作が定着していくのか、さらに詳しくイップス悪化メカニズムをお伝えしていきます。

## 第1章のまとめ

**①憶測だらけのイップス情報に惑わされないためにも、イップスについて正しく知ることが大切。**

②イップスの定義は「今までできていたことが、何らかのきっかけによって、思い通りにできなくなってしまう症状」。
③様々なスポーツ、音楽、日常生活にもイップスは存在する。
④トラウマを抱えることで、今までできていた動作が変化していく。
⑤繰り返した動作が定着されるのは「学習の4段階」によるもの。
⑥イップスは小さなズレから起こる。予防し悪化させないために、メカニズムを理解しておくことが重要。

column 1

## ドン底に叩き落とされた人生最悪の試合

私自身もイップスに悩んだ経験があります。そのきっかけはいわば「人生最悪の試合」からです。それは高校2年生の秋、神奈川県大会の3回戦です。

控えの外野手だった私は、7回の守備からレフトの位置に入りました。このときからすでに、メンバー争いや監督からのプレッシャーなどで、投げる感覚に「あれっ？」と思うことが多い状態でした。それを上手くごまかしながらやっていた状況だったので、守備位置について真っ先に感じたのは、後ろ向きな思いでした。

「頼むから飛んでくるな…」、しかしなぜか、そういうときに限って打球が飛んでくるのが野球というものです。一死一塁から、相手がフライを打ち上げました。後方への飛球だと思って、背走。しかし振り返ると、思ったほど飛んできておらず、「やばい！」と慌てて前進して、頭から飛び込みましたが間に合わず、打球は後ろを転々。内野手への返球もすっぽ抜けた暴投となり、ピンチを広げてしまいました。

守備が終わり、ベンチに戻ると、「準備しとけよ」「切り替えろ」と発破をかけられました。すると打席で信頼を取り戻すチャンスがやってきました。一死一塁、サインは「送りバント」。チーム内での私の立場からすると「成功させて当たり前」と思われる作戦です。

1球目、ファウル。2球目、ファウル。追い込まれ、サインが「打て」に変わりました。3球目。変化球にバットを合わせ、レフト前ヒット！　完全に結果オーライですが、一、二塁にチャンスが広がりました。一塁ベース上の私は「まだ体が浮いている」と頭が真っ白でフワフワした感覚でした。

ここにまた落とし穴がありました。「あ、サイン見逃した…?」。走者は塁上にいるとき、ベンチから出されるサインを確認します。まだ緊張がほぐれていなかった私は、ベンチを見ていなかったことに焦りを感じました。少し冷静に考えるとわかりますが、リードしている展開の一死一、二塁で、作戦が繰り出されることは、まずありません。しかし私はそんな余裕さえもありませんでした。

当時、慶応高校は投手の投球と同時に、大きくリードを取ることが徹底されていました。二塁ランナーを見ていた私は、その動きが「三塁に走った!」と見えてしまい、私は慌てて、二塁に向かって盗塁しました。結果は、言わずもがなです。投球後、捕手から一塁に送球され、私は一、二塁間に挟まれました。その間に、二塁走者が三塁を狙いましたが、タッチアウト。試合には勝ちましたが、周りからの信頼は地に落ちました。

「本番で結果が出せない」「メンタルが弱い」、自暴自棄に近い状態となり、練習でもキャッチボールで思うように投げられなくなりました。結局、最終的にベンチを外されて、高校野球を引退しました。

「こんな終わり方で野球をやめたくない」。大学で野球を続けると決意し、イップスを克服するためにこれまでの固定観念を全て捨て、自分の体に合った投げ方をネットに向かって投げながら、研究していきました。

結実したのは大学４年のとき。合宿で行われたノックで、センターから三塁に理想通りの強い送球を連発。コントロールも抜群。まさにイップスを乗り越えた瞬間でした。イップスになってから5年間、自分の思い通りのプレーができずにとても辛い時間でしたが、今ではその経験が指導において活かされています。

正しい知識や練習方法だけでは、どうしてもイップスの指導は難しいと思っています。悩みに共感できないからです。一人ひとりの悩みを理解し、最適な練習方法を提案していく──。これからも、自身の経験を活かして指導を続けていきたいと思っています。

第2章

# イップスが悪化するメカニズム

# イップスが発動するシチュエーション

第2章では、イップスが悪化するメカニズム、そして克服方法の全体像について説明します。まず、メカニズム解説の導入部分として、イップスが発動する5つのシチュエーション。つまり、どんな状況になるとイップスが起こりやすいのかについてお伝えします。

1つ目は「観衆」です。誰も見ていない場所で練習を行うのと比べて、会場満員のフィールドでプレーを行う状況では、全く同じようにプレーすることは至難の業です。人数が増えるほどパフォーマンスを評価する人間が増え、反対に人数が減るほど評価する人間は少なくなります。あなたのパフォーマンスの結果によって、この「観衆」にどのような印象を与えるのかが決まります。つまり、結果によって与えられる影響力が大きくなると、イップスが発動する可能性が高まります。

２つ目は「動作の重要度」です。例えばゴルフの場合、「このパターを入れれば試合に勝てる、外したら負ける」といったように、プレーが試合の勝敗を大きく左右する局面であればあるほど、重要度が高まります。反対に、試合の勝敗を気にしないラウンドのパターなど、そのプレーがどうなろうと特に大きな影響力を持たない動作では、重要度が下がります。

３つ目は「周囲の認識」です。「簡単な動作だと思われている」ものは、失敗したときに周りからの評価を落とす危険性が高まるので、イップスになりやすいです。一方で、「できなくて当然」と考えられている難しい動作であるほど、それができなかったとしても評価を落とすことはないので、不安なく攻めたプレーができることもあります。

ちなみに「簡単な動作だと思われている」事例としては、野球の場合、平凡な内野ゴロの送球や近い距離の送球、送りバントなどでしょう。ゴルフでは、短い距離のアプローチショットやパターなど。サッカーではＰＫ、バスケではフリースローなどです。

競技レベルが上がれば上がるほど、これらのプレーを行う際に「当たり前の基準」が上がります。その高い基準でのミスが、トラウマを抱えるきっかけになります。

４つ目は「人間関係」です。自分の言いたいことが言える関係性かどうかが、影響します。スポーツの世界では、様々な立場の人間とコミュニケーションを取ります。先輩、同期、後輩、監督など、上下関係による規則に従ったコミュニケーションスタイルが関係性を遠ざけて、プレッシャーを与えているケースがあります。

例えば、怖い監督がじっくりと練習を見ている場面で「ミスしたらいけない…」と考えすぎて、動きが固くなってしまう。反対にどんなミスをしても、気にならない同期や後輩と行う練習では、何も考えなくても自然に体を動かすことができます。これらの状況は「人間関係」によるものが影響しています。

５つ目は「考える時間」によるものです。特定の動作を行う直前に、考える時間があるほど、失敗のイメージや緊張感を感じてしまい、動作に悪影響を与えてしまいます。

考える時間がある例としては、ピッチャーの投球、ゴルフのショット、テニスのサーブなど、「止まった状況から動き出す動作」が該当します。反対に、考える時間がない例は、野球の場合、ショートを守っていて難しい打球に何とか追いつき、急いで投げないといけない状況など。テニスの場合だと、全力で追って打球を何とか返そうとする状況など。バスケの場合、ディフェンスをかいくぐって何とかシュートを決めようとする状況などです。「動きの中で行う動作」では考える時間が短いため思考に左右されることがなく、動作に悪影響がない傾向にあります。

シチュエーションによって与えられる影響のことを「外部刺激」と呼びます。これらを図２—１にまとめました。

**図 2-1**

**外部刺激 ＝**
- **① 観衆**
- **② 動作の重要度**
- **③ 周囲の認識**
- **④ 人間関係**
- **⑤ 考える時間**

外部刺激とは、言葉の通り「自分以外の人、物から受ける影響」のことをいいます。スポーツの場合、シチュエーションによって外部刺激の強弱が変化し、プレーに影響を及ぼします。外部刺激は、動作を変えてしまうほど、かなりの影響力を持っています。一方で、外部刺激がない状況であれば、基本的に自分が動きたいように動作を行うので、イップスになることはありません。

外部刺激の影響を受けなければイップスになることはないのですが、「外部刺激」を受けない環境でスポーツを行うことはできません。「外部刺激」自体は悪いものではなく、むしろそれを活用して今まで以上にパフォーマンスを発揮させることも可能です。

大事なのは「外部刺激」を認識することと、シチュエーションによってパフォーマンスにどのような変化があるか理解することです。それが、イップスの克服や試合で活躍することにつながります。

## メンタルの強さはイップスに関係あるの？

もしあなたが、「じゃんけんに勝ったら1万円もらえて、負けてしまったら1万円支払う」というゲームに参加するとしたら、これをチャンスと捉えますか？　それともピンチと捉えますか？　実はこの違いがイップスに影響しています。

先ほど、イップスが発動するきっかけとなる「外部刺激」についてお伝えしました。イップスにさせるほどの影響力を持った外部刺激ですが、悪いものではありません。それでは「外部

図2-2　ピンチ＆チャンス

刺激」が一体パフォーマンスにどう関わっているのか、説明していきます。

わかりやすく説明するために、野球の試合を例にします。9回裏、2アウト二、三塁。攻撃側は1点負けています。打者がヒットを打てば逆転サヨナラ勝ち。逆に打てなければ負けです。ここであなたが打席に立ちました。このとき、観衆やチームメイトからの期待、試合の勝敗に直結する重要な局面など、様々な「外部刺激」が存在する状態です。あなたはこの状況のとき、どのように感じますか？

様々な感情が湧き起こると思いますが、大きく分けて2パターンです。「ここで打ったらヒーローになれる！　絶対打ってやる！」というポジティブな思考か、「ここで打てなかったら戦犯だ。やばい、何とかしないと…」というネガティブな思考です。
ポジティブ思考の方はチャンスと捉えている一方で、ネガティブ思考の方はピンチと捉えています。全く同じ状況にもかかわらず、どのように捉えるかによって、チャンスにもピンチにもなるのです。チャンスとピンチ、この捉え方の差を分けるものは何なのでしょうか？

チャンスとピンチを分ける差。それは大きく3点あります。

1つ目は「技術レベル」です。要するに、技術レベルが高ければ成功確率も高くなるので、チャンスと考えやすくなります。先ほどのケースの場合、ヒットを打てる技術が高ければ高いほど、成功のイメージが湧いてくる状態になります。

2つ目は「外向的か内向的かの違い」によるものです。いわゆる性格的な部分です。外向的というのは、自分の考えを素早く伝えるなど、自分から積極的にコミュニケーションを取っていくタイプのことです。反対に内向的というのは、じっくり考えてから行動に移していくタイプで、コミュニケーションを取るときは、相手の話を尊重する傾向が強いタイプです。

根本的には、どちらが良いも悪いもないのですが、先ほどの野球のケースにおいては、外向的である人のほうが、失敗することよりも「成功したい」という思考になりやすいのでチャンスと考える傾向が強いでしょう。内向的な人は、成功することよりも「失敗を避けたい」と考えるので、ピンチと考えやすい傾向にあります。

3つ目は「不安傾向」です。責任感が強い人や、ストイックなタイプは視野が広いので、考える量が人よりも多いです。物事に細心の注意を払うことができるので周りからの信頼も得やすいのですが、逆に負けたときや失敗に対して、自分の責任だという気持ちも抱えやすいのです。不安傾向が強いと、プレッシャーを感じやすくなります。

これら3つの要素を、自分自身で総合的に「自己評価」して、チャンスかピンチかを判断しています。図2―3に自己評価を決める構成要素をまとめました。この「自己評価」がパフォーマンスに大き

図2-3

自己評価 ＝ ① 技術レベル
② 外向的or内向的
③ 不安傾向

な影響を与えています。

## 緊張度によってパフォーマンスが変化する

授業で発言するとき、正解する自信しかないときは緊張せずに堂々と話せるものの、先生に突然指されて自信がないときは、心臓がバクバクしながら答える、こんな経験をしたことはありませんか？　学生時代の私は、よくありました。

ここでは、ピンチとチャンスを分ける「自己評価」がどのようにパフォーマンスに影響しているのかについてお伝えします。結論から言うと、それが「緊張度」を決めるものだからです。緊張度とは、その名の通り「どれくらい緊張しているか？」ということです。自己評価が低いほど緊張度が高くなり、自己評価が高いほど緊張度が低くなります。この緊張度によって、人間はパフォーマンスをどのくらい発揮できるのかが決まります。

緊張とパフォーマンスがどのように関係しているのか提唱した法則が、心理学者のロバート・ヤーキーズとジョン・ディリンガム・ドッドソンの「ヤーキーズ・ドットソンの法則」といいます。

次ページの図2―4にて「自己評価」と「緊張度」、そして発揮できるパフォーマンスについての関係性を示しました。この図について説明します。

まず何らかの外部刺激が入り、それに対して「自己評価」します。自己評価によって緊張度が決定し、その緊張度によって発揮できるパフォーマンスが決まる、という流れです。

例えば、何らかの外部刺激によって、自己評価がマイナス100点（全く自信が持てない状態）だとした場合、緊張度がプラス100点（緊張しすぎ状態）となって、発揮するパフォーマンスは10％（実力の10％しか出せない）になります。

一方で、自己評価がプラス80点（失敗することなど考えず、失敗してもダメージなし）の場合、緊張度はマイナス80点（緊張とは真逆の油断した状態）となり、発揮するパフォーマンスは20％です。

自己評価が0点（評価のことが頭に全くない）の場合、緊張度0点（緊張も頭にない）のとき、パフォーマンスは100％（練習でも出したことのない実力が出せる）であり、これは「ゾー

## 図 2-4 緊張度とパフォーマンス

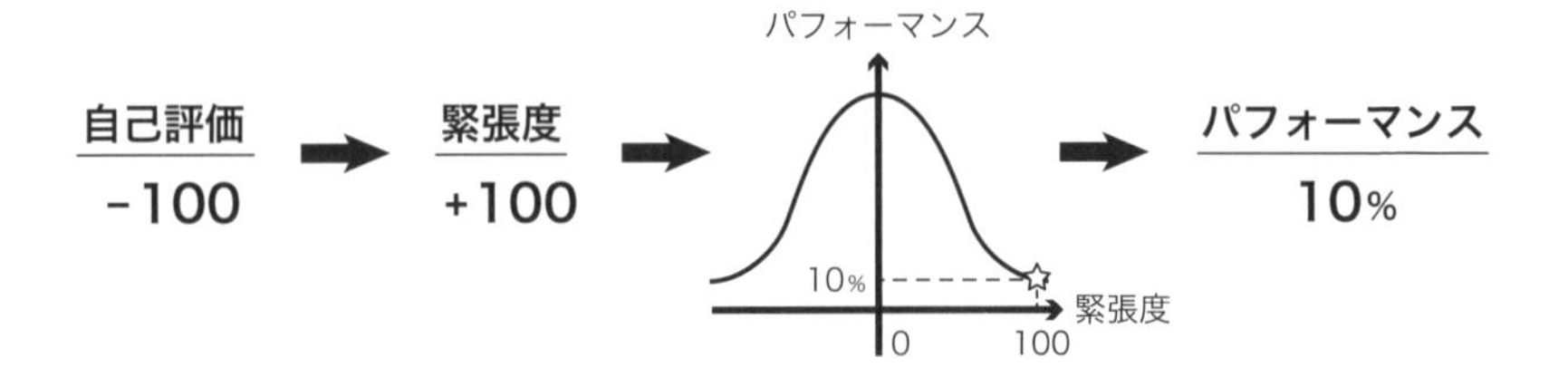


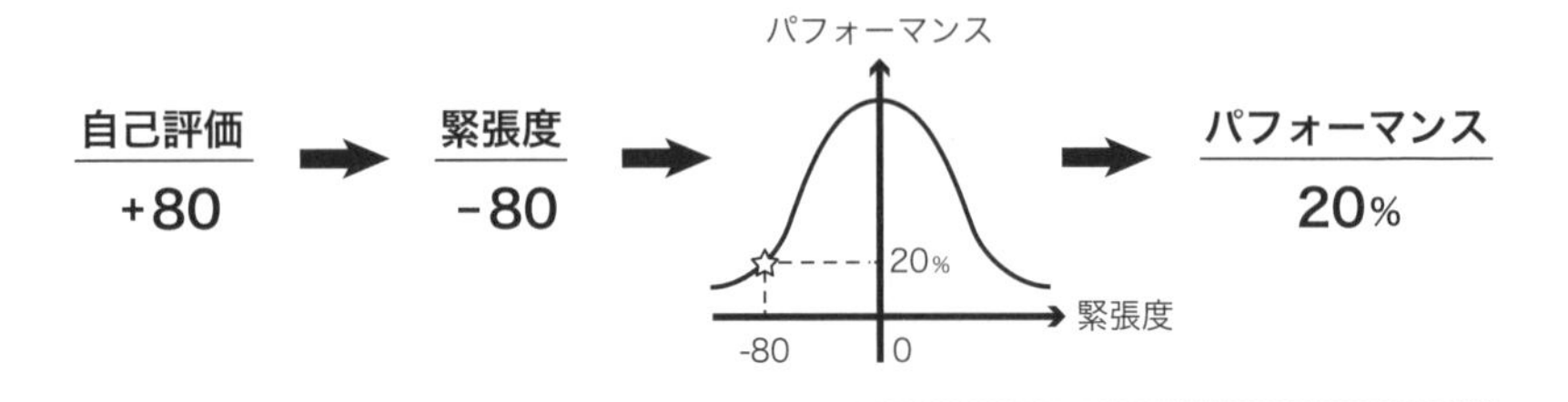


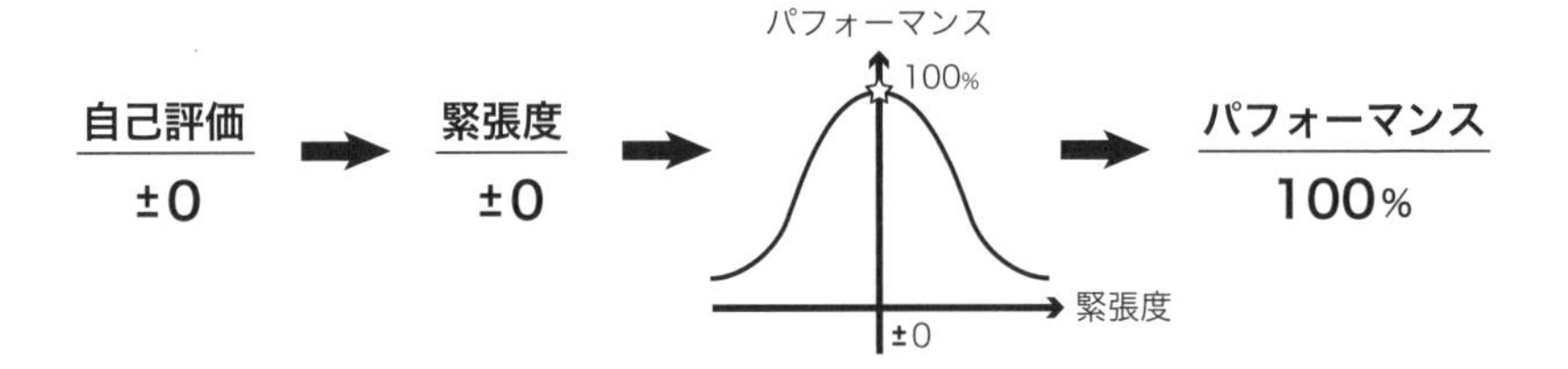


ン」とも呼ばれる最も自分の潜在能力が発揮される状態です（前記の数字はあくまで目安）。

まとめると、最大のパフォーマンスを発揮するには、緊張度が高すぎても低すぎてもダメで、「適度な緊張度が自分の実力を発揮できる状態」ということになります。

そして、緊張度が高すぎる状態がイップスにつながっていきます。

図2-5

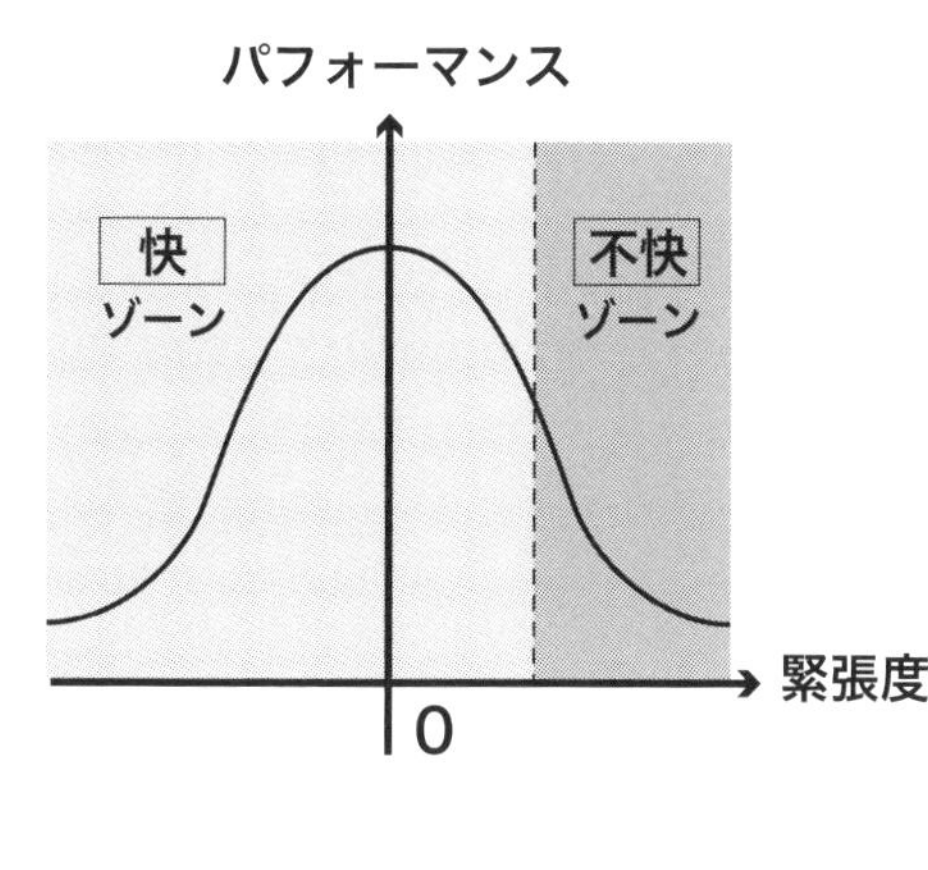

# 緊張とイップスの関係性

友人でピッチャーに転向した選手がいました。転向した当初、本人も楽しそうに投げていて結果もついてきました。しかし、周りからの期待が大きくなっていくにつれて結果が出なくなり、気づいたら苦しそうにマウンドで投げていました。投げ方もだんだん崩れていったのを覚えています。

このとき、彼の中で何が起きていたのでしょうか？　このメカニズムを詳しく説明するために、緊張度とイップスがどのように関係しているのかについてお伝えします。

結論を言うと、「快・不快」という感情に関わりがあります。ワクワクや楽しさを味わっているプラスの感情である快の状態と、危険が迫っていて恐怖を感じているマイナスの感情である不快の状態。この快・不快の違いがイップスに影響します。

図2―5では、緊張度とパフォーマンスの関係を表す図に、快ゾーン、不快ゾーンを追加しました。快・不快のどちらの状態に位置しているかで、イップスになるかならないかが大きく関わってきます。

最初に説明したピッチャーは、周りからの過度な期待がプレッシャーとなって、快ゾーンから不快ゾーンへ移動してしまっていました。不快ゾーンに向かうと、具体的にどのようなことが起きてイップスにつながっていくのでしょうか？

## 練習では超一流、試合になるとポンコツ選手

練習ではとてつもないポテンシャルを発揮するのにもかかわらず、試合になると途端に実力が発揮できなくなる選手が必ずいます。

例えば野球の事例だと、バッティング練習では「カキーン！　カキーン！」と、いい当たりを連発するのに、試合になった途端、急にスイングが鈍くなり振れなくなってしまう選手がチームに必ず一人は存在しました。

この状況では、一体何が起こっているのでしょうか？　メカニズムを解説していきながら、快・不快によるパフォーマンスの変化とイップスの関係性について説明していきます。

日常生活を例にします。「徹夜でテスト勉強だ！」と意気込んでも、結局、寝落ちしてしまった。そんな経験ありませんか？　これは何が起きているのかというと、徹夜でテスト勉強をするという自分の「意識」よりも、睡眠して体を回復させるほうが生きていく上で大事だという「無意識」の働きによって行動を調整してくれているからです。

こういったように、人間には意識（顕在意識）と無意識（潜在意識）の２種類があり、パワーバランスは無意識（潜在意識）が９割以上と言われています。つまり、無意識のほうが圧倒的に強いということです。

無意識は、簡単に説明すると本能的な働きをする部分です。無意識には絶対に勝てません。徹夜しようと思っていても、結局寝てしまうのは無意識による機能です。

これがイップスとどのような関係があるのか説明します。結論を伝えると、「意識と無意識

図2-6

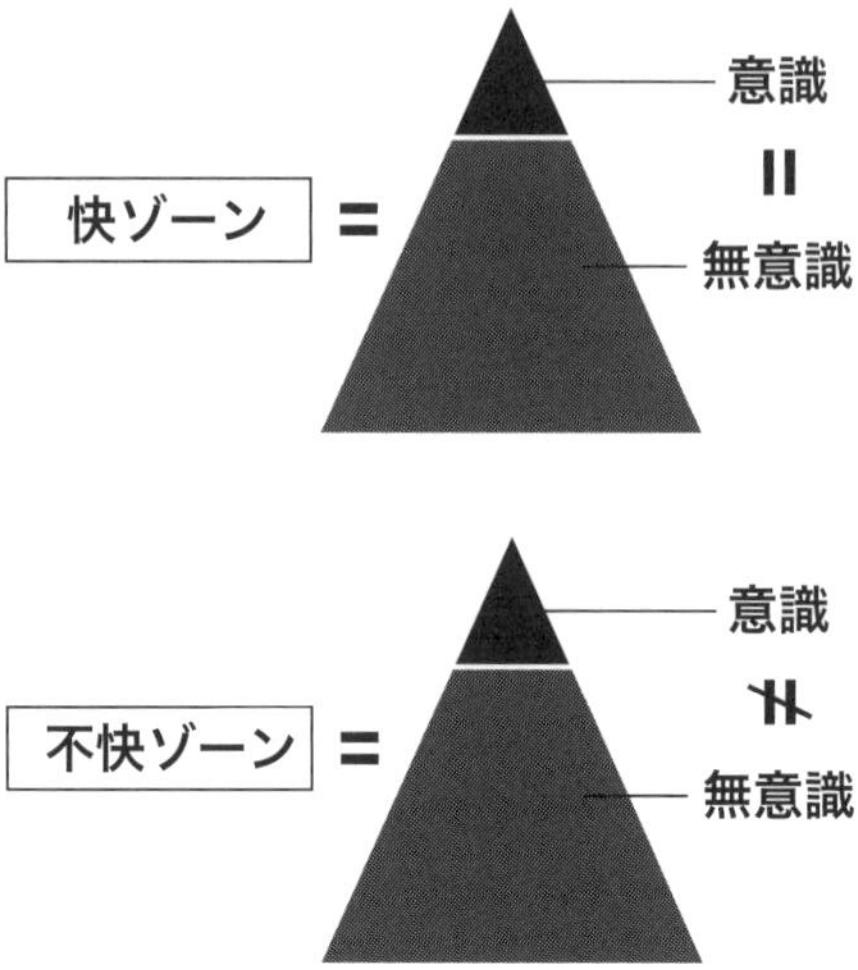

快ゾーン ＝ 意識 ＝ 無意識

不快ゾーン ＝ 意識 ≠ 無意識

が一致しているか、それとも一致していないか」によって、自分のイメージ通りに体を動かせるのかイメージと違った動きになってしまうのかが変わります。そしてその違いは、「快・不快」どちらのゾーンに位置しているかが関係します。

ちょっと難しい表現になってしまいましたので、具体例で説明しましょう。練習と試合でパフォーマンスが大きく変わってしまっている選手の事例では、練習では気楽だから自分の意識通りにパフォーマンスを発揮できていました。しかし、試合になると結果を気にしすぎていることや、試合慣れしていなくて自信がないといった様々な理由から、快の状態から不快の状態に変化します。そうなると、「その状況から逃れて危険を回避したい」という無意識の働きで、自分のイメージしている動作ができない状況になります。

この事例をまとめると、快ゾーンにいるときは意識と無意識が一致している状態であり、自分の意識で考えたことを実現しようと働きかけます。一方、不快ゾーンの位置にいるときは、意識と無意識が不一致の状態となって、不快な状況を回避しようと働きかけます（図２―６）。

不快な状況になると自分のイメージ通りに動作ができなくなり、致命的なミスなどから、イップスにつながっていきます。このメカニズムについて、さらにわかりやすく具体的にお伝えしていきます。

## キャッチボールの相手が変わると、イップスになる選手

意識と無意識が一致しないことでイメージ通りの動作ができなくなる理由を、キャッチボールの例で説明します。

ＡさんとＢさんでキャッチボールを行います。ＡさんとＢさんは同期で、仲が良く何でも言える関係です。Ａさんは失敗など全く気にせず、強い球を連発で投げ続けて気持ち良くキャッチボールをすることができました。この状況を整理すると、Ａさんの「強い球を投げよう！」という意識（意識＝無意識）→動作（強い球を投げるための動作）→結果（良いボールが胸に！気持ち良く投げられて楽しい！）という流れです。快の状態で動作を行っているため、イップスにはなりません。

一方で、ちょっと苦手な先輩Ｃさんとのキャッチボールでは、同じキャッチボールといえども状況が違います。先輩Ｃさんは少々厄介な人物で、悪送球や少しそれた球を投げるとすぐに機嫌を損ねてしまうタイプでした。Ａさんは先輩Ｃさんの顔色を気にしながら慎重にボールを投げていきます。このとき、強い球を投げようと思っているにもかかわらず、どうしても腕が思うように振れず、思い通りのボールを全く投げることができませんでした。

これは、どのようなメカニズムで起こっているのでしょうか？　状況を整理しましょう。Ａさんの「強い球を投げたいが、悪送球をしてはいけない（本当は、先輩とやりたくない）」という意識（意識≠無意識）→動作（失敗を避けようと、悪送球しないために置きにいく動作）→結果（腕が振れず、勢いのない球）といった流れです。

一連の流れを図２―７にてイラストで表しています。不快な状態で動作を行ったことにより、

図2-7

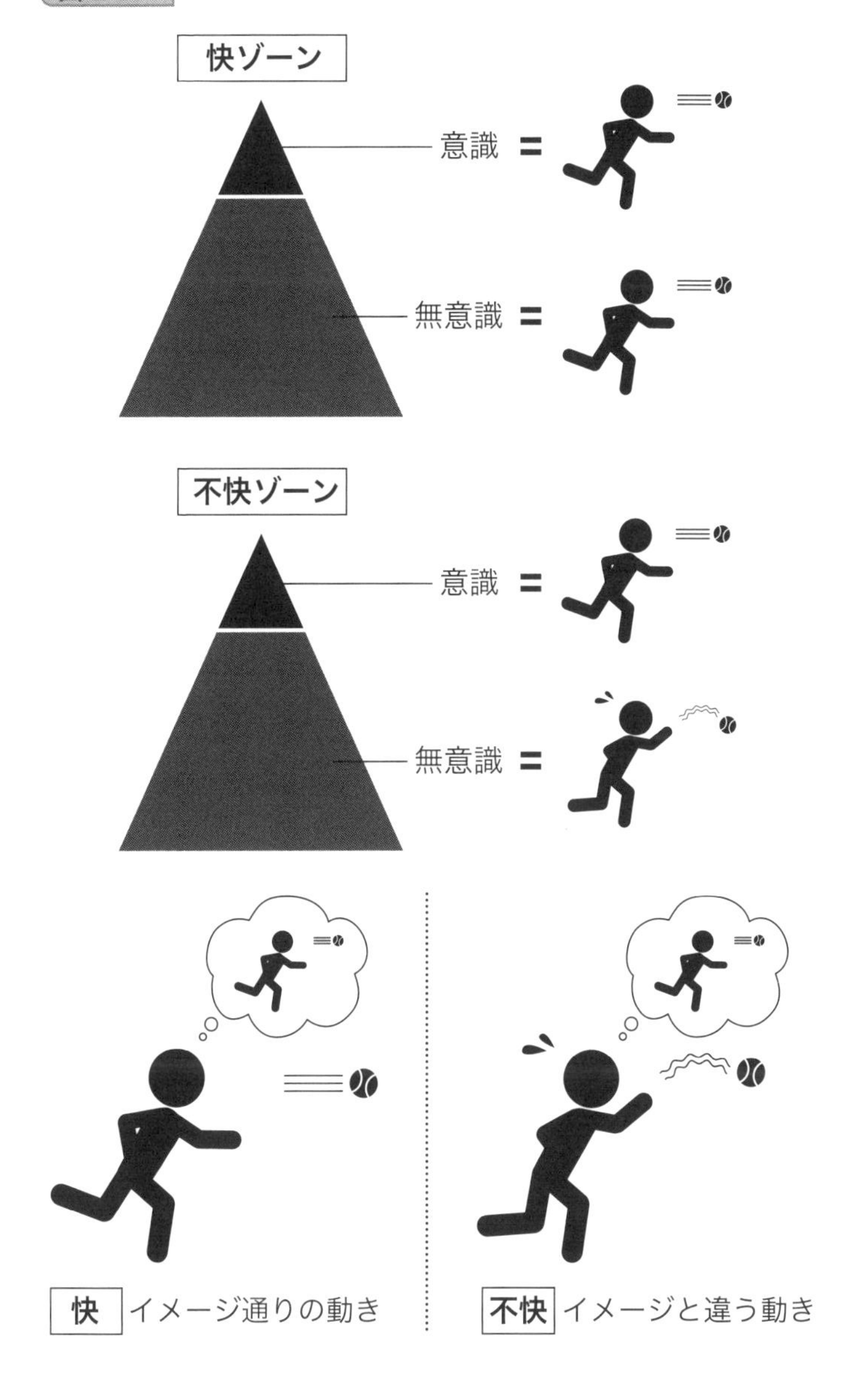

動作（フォーム）が強い球を投げるための動作から、置きにいくための動作に変わってしまったのです。この不快な状態で繰り返し動作を行っていくと、本来の投げ方が崩れていきます。気づいたら、同じように動かしているつもりでも、結果が今までと変わってしまうので、「あれ？」と違和感を覚えることになります。

つまり、快・不快の状態の違いによって、自分のイメージ通りの動作ができるかできないかの分かれ目になるということです。ポジティブ思考や楽しい気持ちを味わっているほうが、思い通りに体を動かせてパフォーマンスも上がるのは、こういったメカニズムが関係しています。

## イップス動作の定着フロー

やや難しい表現が多くなり頭が疲れてしまったと思いますので、ここまでの流れをおさらいします。

最初に何らかの「外部刺激」が入り、「自己評価」によって緊張度を決定します。その緊張度によって「快・不快」のどちらかに位置します。快ゾーンであれば意識と無意識が一致して自分のイメージ通りの動作になりますが、不快ゾーンだと無意識がその状態を回避しようと働きかけ、失敗しないための動作に変わり、自分のイメージとは違う動作になってしまいます。

その後、結果によってその動作について評価します。大成功か成功だと快の感情が強くなり、失敗してしまうと不快の感情が強くなります。これらは、次に同じ動作を行おうとする際の「自己評価」に大きく関係してきます。

成功を積み重ねて快の感情を強くしていくと「自己評価」が高くなり、成功確率が上がっていきます。成功が次の成功を呼び、快の感情を得ていく快ループに入り、自分の理想に近づいていきます。

一方、失敗を積み重ねて不快の感情が強くなると、同じ動作でも「自己評価」が低くなり、余計に緊張度が増えて失敗経験が増えます。失敗が次の失敗を呼び、さらに不快の感情を強くしていく不快ループに陥ってしまいます。これを連続で繰り返していくことでイップス動作が定着していきます。

図 2-8　イップス動作の定着フロー

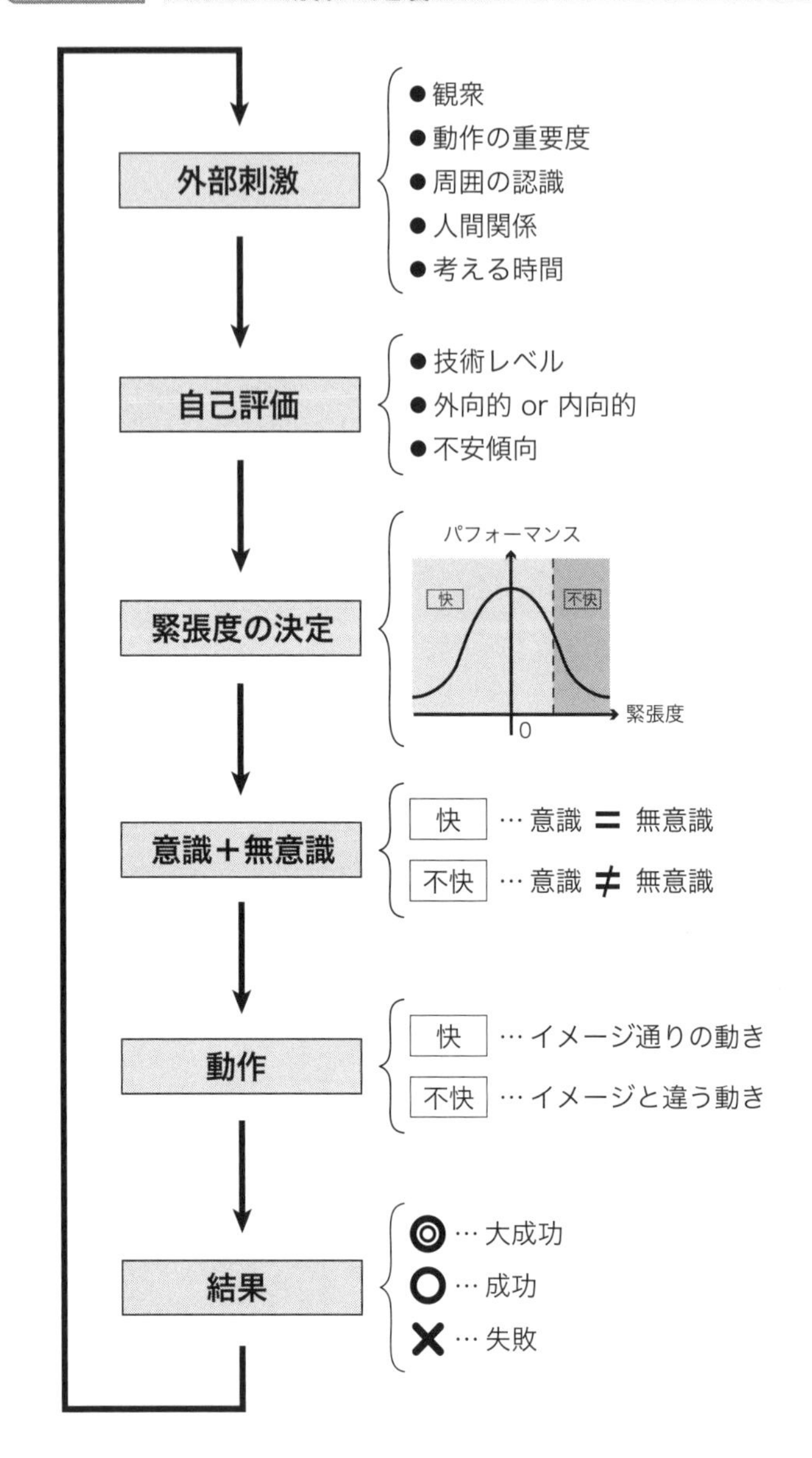

# イップスレベルとは何か？

　イップスには、目で見てわかるイップスと目に見えないイップスが存在します。これまで多くの相談や指導を行ってきた経験から、イップス症状を5段階で分類することができました。それをイップスレベルと呼び、図2―9にまとめています。

　なぜ分類したのかというと、イップスレベルによってトレーニング方法や克服までの期間が変わってくるためです。軽度レベルの選手であれば確認程度で十分な練習が、重度レベルの選手には時間をかけて取り組むべき練習になるといったように、進め方が違います。

　選手一人ひとりが自分の状態に合わせて効率よく練習し

図2-9　イップスレベル

| | | |
|---|---|---|
| レベル1 | ＝ | 瞬間的な違和感 |
| レベル2 | ＝ | 自己認識 |
| レベル3 | ＝ | 他者認識 |
| レベル4 | ＝ | 場面によって動作に影響 |
| レベル5 | ＝ | 場面に関係なく動作に影響 |

ていくために、イップスレベルについて理解しておきましょう。

まず、どのように分類されているのか、1つずつ説明していきます。

イップスレベル1は、「瞬間的な違和感」の段階です。野球の具体例で説明すると、悪送球をしたら全員で罰ゲームになるボール回しの練習で、「ちょっとだけ腕が思うように振れないな」といったような状態です。毎回、違和感が起こるわけではないため、本人も自覚がない場合がほとんどで特に気にもしていません。

この説明で「え？　それイップスなの？」と感じた方もいるかもしれませんが、ここからイップス動作につながっていくので、レベル1としています。

イップスレベル2は、「自己認識」の段階です。自分だけは違和感を認識している状態です。具体的には、野球の場合だと、近い距離になると上手く調節できず感覚がおかしい。テニスの場合だと、フォアハンドで打つ際に何か感覚がおかしい…といった状態です。

このあたりから、本人の中で焦りや不安などを感じ始めます。周りは違和感が起きていることとに気づいていないので、ごまかすことが可能です。そのまま競技を進めていく選手は多いですが、イップス動作の定着が進んでしまい、悪化するケースも多く、不安や焦りは大きくなります。

イップスレベル3は、「他者認識」です。ここまでくると、イップスによる悪影響が大きくなります。この段階では、周りからおかしいと認識されるようになります。ミスや調子が上がらない頻度が明らかに増えて、今まででは起こらないような、ありえないようなミスをしてしまうことも珍しくありません。

野球の具体例では、相手がジャンプしても絶対に届かない高さの悪送球を投げてしまう、驚くほど手前で叩きつけてしまう。などといった状態です。このようなミスはなかなか起きないので、他人に与えるインパクトも大きくなります。そのため、他人から認識される可能性が高くなります。

イップスレベル4は、「場面によって動作に影響する」段階です。今までは結果への影響のみで、動作にはあまり変化がないため、ごまかそうと思えばギリギリ何とかなっていました。

しかしここからは、それも難しくなります。
具体的な症例としては、緊張する場面になると動作に硬直が見られるなどです。この段階までくると、イップス動作の定着がかなり進んでいるため、克服にはある程度時間を要する段階になります。

イップスレベル5は、「場面に関係なく動作に影響する」段階です。緊張度に関係なく、動作そのものが明らかにおかしいと認識される状態です。イップスの違和感が起こっている状態で間違った方向で練習を積み重ねてしまうと、最後にはこうなってしまいます。
なかなかイメージしにくいと思いますので具体例を出すと、野球の場合は、5メートルの壁当てでも腕が硬直して止まってしまう。ボールを投げようとしたら、リリースすることができず、前に歩いてしまう。などといった状態です。信じられないかもしれませんが、実際にこういった選手にも出会ってきました。

以上がイップスレベルについての簡単な説明です。どのレベルでも克服することは可能ですが、自分の状態を正確に把握することが大切です。

# 練習の目的は、新たな動作の「構築と認識」

イップスレベルについて知った後は、克服するためにどのような目的で練習を行っていけばいいのかについてお話しします。

トレーニングをとにかく実践していけば克服できるわけではなく、トレーニングの意味を正しく理解しておかないと、気づいたらイップスを悪化させる練習になっていたという話はよくあることです。そうならないためにも、どのように克服していくのか、練習の目的について理解しましょう。

まず、克服していくために必要な考え方として「新たな動作を構築する」という考え方です。なぜ、この考え方が大事かというと、「以前の感覚」を追い求めて練習を積み重ねていってしまうと、身長、体重、経験値などが変化している現在の状態では、その感覚を見つけること自体が極めて難しいこと。そして、以前の感覚に戻ったとしても、その動作によって失敗した経験も残っているため再発しやすく、不利な要素が多いからです。

図2-10　以前の感覚を取り戻そうとすると上手くいかない

それよりも、現在の身長、体重、経験値などを活かした、自分に合った本当のフォームを再構築していくという考え方のほうが克服する可能性が高くなります。むしろ、以前よりも技術が上がったという事例も多いのです。私もその1人です。

以前の感覚やフォームを追い求めるよりも、前の自分を超えるために「新しい感覚やフォームを構築していく」という目的でトレーニングを積んでいきましょう。

新たな感覚やフォームを構築するために練習をすると同時に、意識してほしいことがあります。それが「動作の認識」です。簡単に言うと自分のフォームを理解することです。

そのために私は、動作を「言語化」することが大事だと伝えています。言語化とは「何をして上手くいったのか、言葉にする」ことです。自分がどういう意識をして

図2-11　言語化のメリット

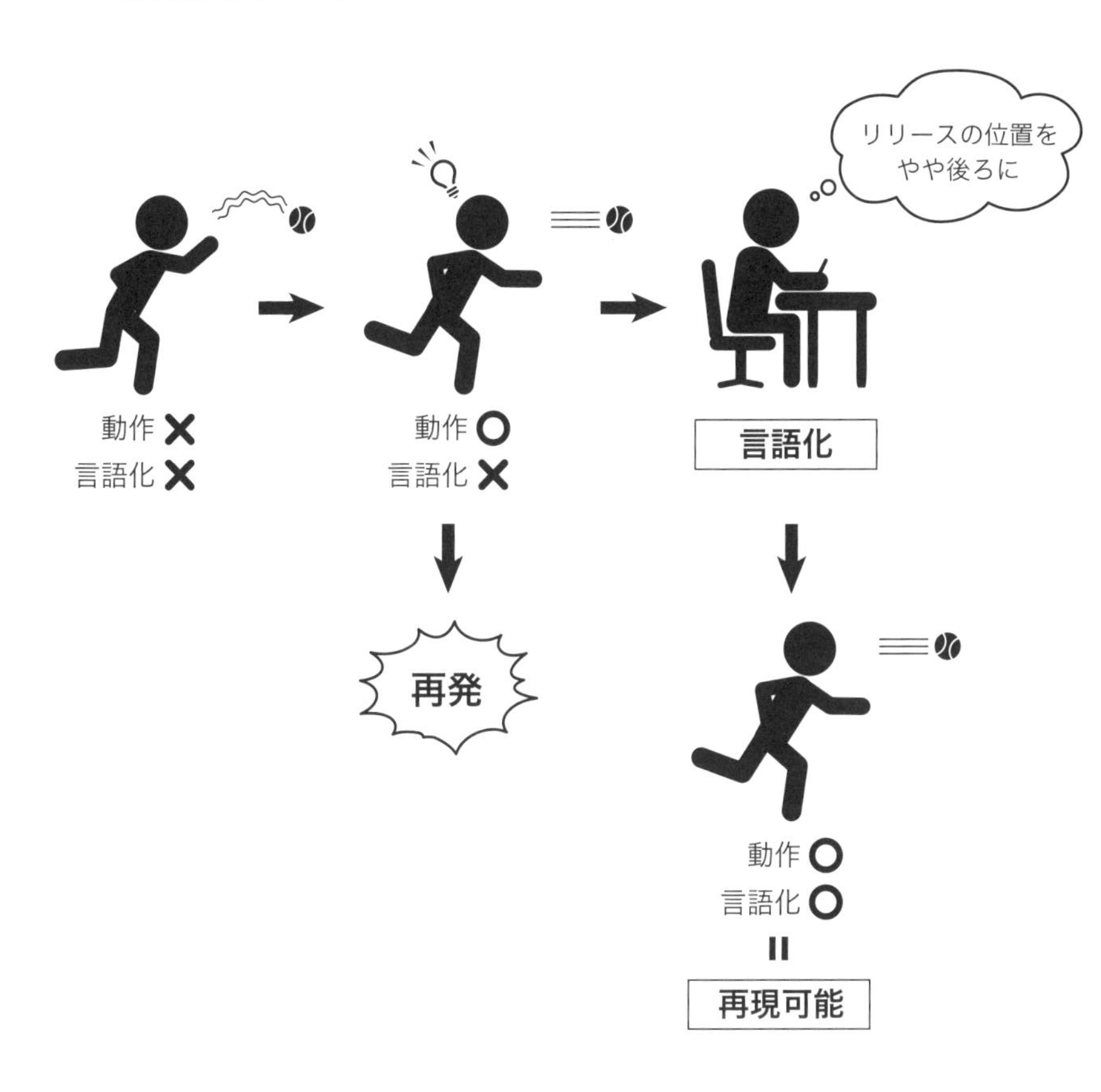

どのように体を動かしていけば、思った通りの結果になりやすいのか。自分で説明できる状態を目指してください。

なぜ「言語化」が大切なのかというと、修正能力に大きく関わるからです。当時の私もそうでしたが、イップスの選手は、たまに調子が良いときがあっても、なぜそれができるのか理解している選手が極めて少ないです。これだと、たまたま上手くいっていただけということになります。

しかし、「言語化」ができていれば再現性が上がります。たとえミスしても、次の動作では、「こういう意識で動かせば大丈夫」という状態なので修正することができます。再現性が高くなれば、結果が安定します。

言語化のメリットを図2—11にまとめています。この「言語化」が全くされておらず、感覚だけでプレーをしてしまうと、外部刺激をきっかけに動作が変わり、結果が安定せずまた落ち込むという、負のループから抜け出せなくなります。そうならないためにも、「言語化」して自分の動作を認識することで、いつでも再現可能なフォームを作っていきましょう。

# 不安定なフォームを安定させるために

「言語化」する方法について、大事なポイントが2点あります。

1点目は「文字にして残す」ということです。文字にすると、頭の中を整理することができます。自分のフォームで意識しているポイントを紙に書こうとすると、意外と難しいことがわかります。

たとえ書くことができても、その書いたことに対して確信を持っている場合は少なく、何となく書いてみたというケースがほとんどです。

文字で整理できないケースや、曖昧な感覚を書いている状態では、緊張する場面になったときに、確信を持ってその意識を実行できません。だからこそ、いつでも同じフォームを再現するために「文字にすること」が重要です。

# 「言語化」VDCAサイクルを回してしよう

「言語化」するにあたり、2点目に大事なポイントは、ただ適当に文字にするのではなく、「VDCAサイクル」を回していきながら言語化を進めることです。

まずは「VDCAサイクル」について簡単に説明します。これは言語化していくために、どのような順序で練習を進めていけばいいかを整理した考え方のフレームワークになります。私が名付けました。

その名前の由来は、Verbalizing（言語化）、Do（動作の実行）、Check（結果の確認）、Action（改善策の検討）という英語の頭文字を取ったものです。この順番で取り組み、それを繰り返していきながら課題解決していく、非常にシンプルなモデルです。ただ、これだけ聞いてもイメージできないと思いますので、練習の進め方の一例を説明します。

野球の壁当ての練習で「VDCAサイクル」を実行してみます。

図2-12　VDCA サイクル

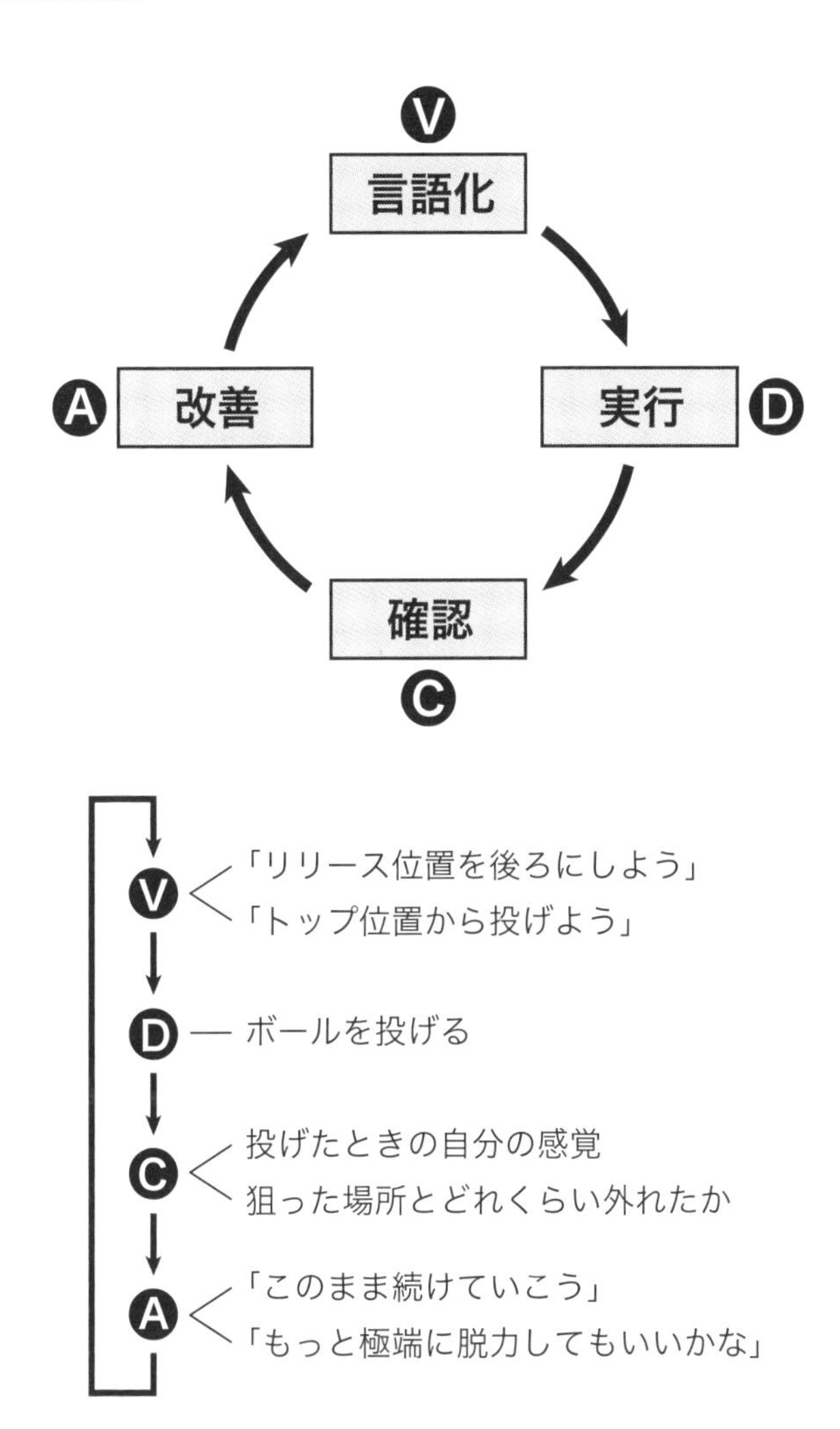

最初にVerbalizing（言語化）を決めます。ここでは、投げるときに意識することを1つだけ決めます。例えば、「リリース位置を後ろにしよう」ということを決めたとしましょう。ここでVは完了です。

次にDo（動作の実行）です。今回は野球の壁当てなので「投げる」という動作を行うことでDが完了します。

次にCheck（結果の確認）です。行った動作に対して、結果を振り返ります。このケースでは、投げたときの自分の感覚はどうだったか？　投げたボールのコントロールは、狙ったところとどれくらい外れたか？　といった2点が主な確認項目です。

そしてAction（改善策の検討）にいきます。ここではCで確認した内容をふまえて、次にどうするべきか考えます。例えば、「このまま続けていこう」「もっと極端に脱力してもいいかな」といった感じです。次にどうするかを考えた段階でAは完了します。

ここまで行うと「VDCAサイクル」が一回転したことになります。そして、次の球を投げるときに、もう一度V（言語化）に戻って繰り返していきます。VDCAサイクルを回転させればさせるほど、自分に合う「フォーム構築と言語化」が行われていきます。

図2―12に、VDCAサイクルと言語化の具体例を紹介しています。まとめると、VDCAサイクルを回転させながら「言語化」していくことで、新しい動作の構築と認識を進めていくという流れになります。

## イップス克服に必要な3つの要素

ここでは、イップス克服に必要な3つの要素についてお話しします。この後の章では、これら3つの要素について順番に進んでいきますので、理解しておきましょう。

1つ目の要素は、「イップスレベル把握」です。イップスレベルの違いによってトレーニング方法や克服までの期間が変わるので、効率よく克服してくためにも、まずは自分がどのレベルにいるのか把握することが大事になります。

**図2-13　イップス克服の３要素**

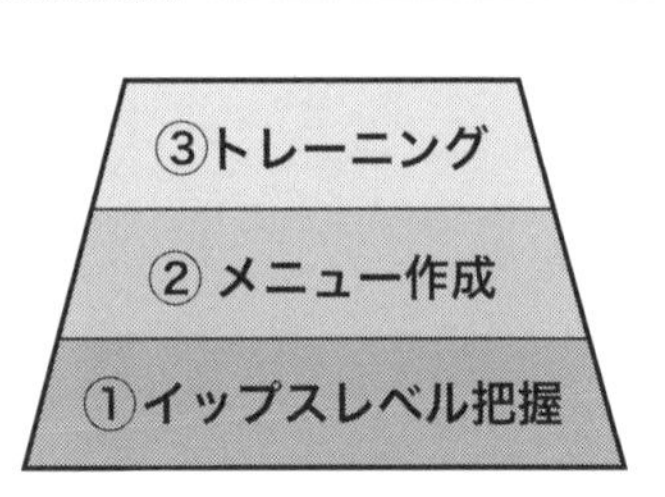


２つ目の要素は「メニュー作成」です。イップスレベルがわかったら、実際にトレーニングを実践するために、本人専用の練習メニューの作成を行います。

そのために、イップス症状を細かく分析していきます。克服したい動作は何なのか？　いつ、症状が現れるのか？　どのように症状が現れるのか？　など、用意したワークに回答し、「メニュー作成シート」に記入していきます。これでトレーニングの準備を完了させます。

３つ目の要素が、「トレーニングの実践」です。イップスレベルを把握し専用のメニューを作成した後で、実際にイップス克服のトレーニングを積んでいきます。

軸となるトレーニング方法は、「スモールステップ」という緊張度と動作レベルを落とした状態から、少しずつ強度を上げていき、克服へ向かう練習方法です。これは全てのスポーツでできる方法で、様々な場面に応用できるトレーニングです。

詳細は後ほど説明していきますが、以上の3つの要素「イップスレベル把握」「メニュー作成」「トレーニングの実践」、この順番で取り組むことで克服することが可能になります。

## 第2章のまとめ

①シチュエーションによって与えられる影響のことを「外部刺激」と呼ぶ。
②自己評価がパフォーマンスに大きな影響を与える。
③適度な緊張がパフォーマンスを最大化させて、過度な緊張がイップスにさせる。
④快・不快の感情の違いが、イップスと関係している。
⑤快の状態だとイメージ通り動作できるが、不快の状態だとイメージ通りの動作がしづらくなる。
⑥キャッチボールの相手が変わるだけで、快・不快は変化する。

⑦これまでの流れを整理したものを「イップス動作の定着フロー」と呼んでいる。
⑧症状の度合いに合わせて5段階に分類したものが「イップスレベル」である。
⑨以前の自分に戻ろうとすると、上手くいかない。「新しい感覚やフォームを構築する」という考え方が大切。
⑩フォームを安定させるためには「言語化」が重要。
⑪言語化するために「ＶＤＣＡサイクル」を回転させながら練習する。
⑫イップスを克服するためには、３つのステップがある。

## column 2

## 「隠れイップス」を見抜くチェックポイント

私自身、高校2年生の頃から本格的にイップスを経験したこともあって、イップスについて早い段階から関心を持っていました。そして、チームメイトや相手チームの試合前のキャッチボール、シートノックなどを注意して観察していました。

そんな経験から、まだイップスと呼ぶほどではない、隠れイップスをどのようにして見つけていくのかについてお話しします。指導者の方は、できる限り早めに気づいて、悪化させずに克服まで導いてあげてほしいと思います。

主なチェックポイントは大きく3つです。

1つ目は「首をかしげるなど、納得していない表情を多くする」選手です。いろいろ考えすぎて、頭の中がごちゃごちゃしているケースが多く、悲壮感が漂っています。

私も経験がありますが、この状態で頑張っても上手くいった試しがありませんでした。信頼できる人に相談するか、取り組み方を変えないと難しいと思います。

2つ目は「真面目すぎる」選手です。自分のできない部分にフォーカスがいきがちでストイックなこともあって、自分の現状を認めることが難しいタイプです。

野球の場合は、スローイングに自信がない真面目なタイプは、その性格と相まって悩んでいる選手が多かったです。できない部分が気になりすぎて休むことができません。オフでも体は休んでいても心は休めておらず、スッキリしない状況が続いてしまいます。こういうタイプも悪化してしまう前に取り組み方を変えていきたいですね。

3つ目は「動作が探り探りでごまかしている」選手です。少し曖昧な表現ですが、野球の場合なら腕の振りが緩い。山なりで力のない球を多く投げているなどです。

こういう傾向が見られる選手はすでにイップスの気質があり、周りに気づかれないようにごまかしてプレーしている選手が多いです。この状態でプレーをしていくと、どこかでイップスになる可能性が高く、何より競技をしていてもつまらないと思います。

以上の3つです。指導者は何かしらのフォローを入れてあげてほしいのですが、その際も注意が必要です。選手に「イップスなんじゃないか?」といきなり聞いてもなかなか話しづらいと思います。そして、イップスであることを伝えることが本人にとって良いことであるとも限りません。イップスだと伝えないことが、その選手にとっては良い結果になる可能性もあります。

ではどうすればいいのか悩むところですが、大切なことは「理解に徹すること」です。アドバイスや指摘をするのではなく、話を聞くこと。人は理解されたいという欲求が強いので、理解されないだけで強烈なストレスを感じます。

まずは話を聞いて、現状をどのように考えているのか理解してあげること。理解すると、その選手にとって何がベストなのか見えてくるはずです。ぜひ、1対1でゆっくり話す時間を作ってみてください。

イップスは、自分から言っていないだけで周りにたくさんいます。当人はあまり自分を責めずに、恥ずかしがらずに、前向きに受け入れてほしいと思っています。イップス症状は、ケガと同様に体からのサインでもあるので、これからもっとより良い方向へ進むきっかけを与えてくれるものだと考えています。

ただ、そうは言っても、なかなか前向きに思えないこともよくわかりますので、まずはイップスの克服方法を理解し、知識を身につけていきましょう。

# 第3章

# 競技別イップスの実例

# イップスレベルの違いを理解しよう

本章では、イップスに悩んだ選手の体験談を紹介します。体験談は、イップスレベルごとに競技別で紹介していきます。

まずは、イップスレベルの違いを確認しておきましょう。第2章の図2―9（69ページ）を見てわかるように、イップスレベルは5段階に分類されています。

また次ページの図3―1が、各レベルの違いをよりわかりやすく理解してもらうために、イップスレベルの違いをグラフで作成したものです。イップスレベルの違いによって、結果と動作にどのような変化が現れるのかイメージしてもらうためのグラフです。

縦軸がミスの回数、横軸が時間（日付）です。上にいくほどミスが増えて、横にいくほど時間（日付）が進みます。グラフの2本の折れ線は、結果と動作に関する線です。自己認識と他者認識の2つのラインを越えると、自分は認識している状態から周りからも認識されている状

図3-1

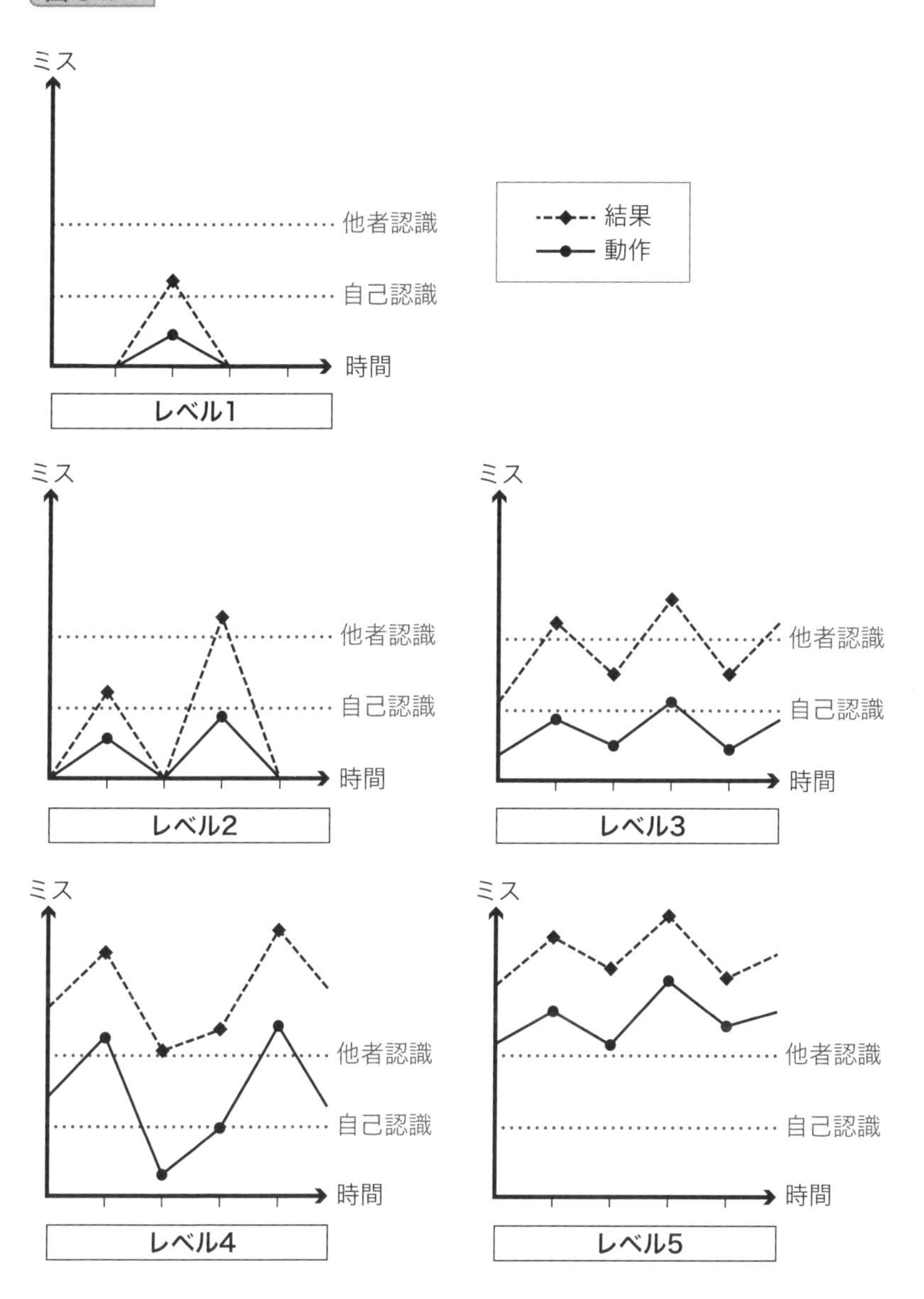

態に変化していきます。

各レベルで、どのような変化が見られるのか、5つのグラフを並べて整理しました。

イップスレベル1は、小さい山が少し出ているような図になっています。一瞬、違和感を覚えた動作があったものの、それ以外は特に問題なし。といった状態です。

イップスレベル2は、小さい山と大きい山の2つが存在するような図です。自分では違和感を自覚し、たまに派手なミスを起こすようになって、周りも少しずつ異変を感じるような状態です。

イップスレベル3は、波のような形に2本の線が存在しています。自分の中では不安だらけで、結果としては大体ミスです。ミスの仕方によって、周りに認識されたりされなかったりする状態です。

イップスレベル4になると、グラフの波が一気に高くなりました。動作の変化を表す線が、他者認識のラインを越えはじめます。「何かフォームおかしくない？」と気づかれている状態です。だんだん動作に硬直が現れ、不自然な動きに変化していきます。

イップスレベル5では、グラフの波が2本とも完全に上に位置する状態です。常に動作に影響するようになって、周りから見ても明らかに不自然だと認識されます。

以上がイップスレベルの詳細説明になります。それぞれのイップスレベルについて何となくイメージできるようになっていればＯＫです。

この後、実際にあったイップス体験談を紹介します。具体例をもとにイメージを深めていきましょう。

# イップスレベル１「瞬間的な違和感」

イップスレベル１「瞬間的な違和感」は、今まで全く気にせずできていた動きが「あれ？」と違和感を覚えたときに始まります。

違和感が発生する頻度は非常に少なく、むしろ発生しないことのほうが多いため、本人も気にしていない場合がほとんどです。実際の具体的な症例を体験談から紹介します。

## ◎症例①（野球のケース）
## バッティングキャッチャーのL字ネットから…

「明確なきっかけというのはなく、気づいたら投げられなくなっていたのですが、思い返すと、高２の６月頃にバッティングキャッチャーをしたとき、始まったと思います…」

高校時代のバッティング練習で、バッティングピッチャーの球を捕るバッティングキャッチャーという役割があり、彼はその日、その役割を務めたそうです。

相手ピッチャーはちょっと怖い先輩です。バッティング練習なので、投げる距離が近くなります。そうなるとバッターの打球が危ないので、L字ネットという投げる部分だけ隠れていないネットを置いて投げます。

バッティングキャッチャーである彼は、怖い先輩に対してL字ネットで隠れてない部分に、ひたすら正確に投げ返さなければいけない状況になったわけです。ここで「あれ？　思うように投げられない…」と違和感を覚えました。

さらに、当時キャッチボール相手も固定されていて、キャッチボールの後に10メートルくらいの短い距離で、相手の投げたボールをワンバウンドで打ち返すトスバッティングと呼ばれる練習もセットで行います。

彼の練習相手はちょっと短気で、少しそれた球を投げると、ふてくされた態度を見せる選手でした。「ちゃんと投げなきゃいけない…」と強く思うようになり、余計にコントロールがバラつくようになっていきました。

## ◎症例②（ゴルフのケース）
## 先輩と回ったラウンドでの、チョロ連発事件

「きっかけといえば、やはりあのラウンドからですね…」

社会人になり、営業でゴルフをするようになったことから本格的にハマり始め、スコアは順調に伸びて、100は問題なく切れるレベルに。3年ほど楽しくゴルフをしていました。

帰省した休みの日、プライベートで高校の同期とラウンドに行くことになりました。メンバーは彼と高校の同期、同期の大学の先輩2人で合わせて4人です。同期の大学の先輩2人とは初対面。お互い知っているのは、スコア100前後は問題なく切れるレベルということくらいです。それが、イップスを発症させる出来事になってしまったのです。

先輩の提案で「2対2のチーム戦をしよう！」という話になり、ちょっとした試合形式のラウンドになりました。「うわ、チームメイトに迷惑はかけられない…」。プライベートの遊びのゲームとはわかっていたものの、ちょっとネガティブな考えになりました。加えて、仕事が忙しくて久しぶりのラウンドだったので、変な緊張感もありました。

いよいよ始まったラウンド。序盤のホールでチョロを連発してしまいました。チョロとはゴ

ルフボールにまともに当たらずにカスっと当たる感じで、チョロチョロと進む打球になってしまうことです。

そして、ドライバー、アイアンどちらもまともに当たらない状況になりました。スコアが100を切れるレベルでは、基本的に起こらない現象です。先輩たちも「え？　大丈夫か？…」と驚きを隠せない様子でした。

「恥ずかしい…」「早く終わらないかな…」そう願いながらラウンドを回りました。それ以降、ラウンドでチョロが出たり、出なかったりするようになっていきました…。

これは緊張から違和感が発生したケースで、イップスレベル1に当たります。ただ、失敗のトラウマが大きいので、すでにレベル2に限りなく近い状況です。

このように、きっかけによっては、一気にイップスレベルを進めてしまうこともあります。

## ◎症例③（卓球のケース）
## ラリーの速さを見て、思わず萎縮

「結構前のことですけど、最初は中3の夏頃でしたね…」

中1から卓球部に入って本格的に始めて、思いのほか楽しくて2年間みっちり練習した結果、部内では、敵なし状態になりました。もっとレベルを上げて卓球に打ち込みたいと考えて、部活だけでなく外部のクラブチームにも入ることにしました。

そこは、中学生しかいなかった部活と違って、高校生から大人まで年齢層も幅広く、レベルも高いです。もちろん求めていた環境ではあったのですが、年上ばかりで、ラリーの速さも今までとは異なり、練習で打ち合うときも「ミスしたら申し訳ない…」と思うことが増えていきました。

3ヶ月後、相手のボールに対し、「フォアハンドで打とうとした手が出ない…」という感覚が出てくるようになりました。毎回ではなく、相手のボールも速いので、単に「反応できないだけなのかな？」と思うこともありましたが、違和感があったので気になり始めました。

## ◎症例④（テニスのケース）
## 代表の責任から、サーブのトスに違和感が…

「代表の名に恥じぬように…と気負いすぎたことからでしたね」

イップスの始まりは、市町村ごとの大会で代表に選ばれたところからでした。それまで夢中で取り組んでいたテニスに対して、「代表の名に恥じぬように…」と責任を感じるようになりました。

元々、あまり得意ではなかったサーブを「このままではいけない…」と思い、その弱点を克服しようと練習量を増やしていきました。社会人で指導者もいなかったため、これが最善の方法であると確信していました。

苦手なサーブを克服するために自分に緊張を与えるべく、とにかく試合に出場したそうです。しかしあるとき「あれ？　トスが上がりづらいな…」と思うようになりました。「練習ではそんなことは起こらなかったので、このときは気にしていなかったのですが、思い返すと、あのときの違和感から始まっていました」と話していました。

このように、立場が変わることによってプレッシャーを感じ、イップスに向かっていくケースは珍しくありません。

# イップスレベル２「自己認識」

イップスレベル２「自己認識」では、自分の中で苦手意識をはっきりと自覚するようになります。ここからイップスで悩み始めていきます。

その症例を紹介していきます。

## ◎症例①（野球のケース）
## キャッチボールでも怪しさが増していく…

最初はバッティングキャッチャーやトスバッティングで違和感があったりなかったりしてい

た状態でした。しかし、次第にキャッチボールでも「あれ？　指にかからない…」と思うことが増えていきました。強く投げようとすると感覚がおかしいので、どこに行くかわからない不安をごまかすために、近い距離ではフワッとした山なりのボールを投げていました。

それで、ごまかせていればまだ良かったのですが、「おい、もっとビシって投げろよ！」とキャッチボール相手に言われてしまい、強い球を正確に投げないといけない状況になり、次第に遠投でも叩きつけるような球を投げる場面が出てきて、悪化が進んでいきました…。

ただ、遠い距離や全体練習ではまだ何とか投げられていたので、周りには気づかれていませんでした。

## ◎症例②（ゴルフのケース）「スイングの問題なのか？…」レッスンに通い始めて

プライベートで回ったラウンドによってトラウマを抱えてしまい、それ以降、営業コンペなど緊張する場面になればなるほど、「また、あのようになったらどうしよう…」「とりあえず当たってくれ…」と思う気持ちが大きくなっていき、案の定スコアも落ちていきました。

「これ、スイングの問題なんじゃないか？」。スイングのフォーム自体が変わっている感覚もあったため、それを改善するべくコーチの元でレッスンを受け、スイング改善に励みました。スイングを基礎から教わり、上達した実感はありました。ただラウンドになると、レッスンでやっていることができなくなってしまうことに歯がゆさを感じていました。

「やりたくない動きが出始めた…」。次第に、スイング中に自分のイメージと違う動きをしていることに気づきました。

## ◎症例③（卓球のケース）「フォアが打てない…」と感じて整形外科へ

クラブチームにいた年上の上級者との練習からフォアハンドに違和感を覚えて以降、感覚がおかしい日もあればおかしくない日もある。といった感じで中学を卒業して、高校へ入学しました。

高校では部活に専念するためにクラブチームには入らず、部活だけの練習を選択しました。部活の練習のみになったので、かつての緊張感は全くなくなりました。ついでに、この違和感も消え去るのではないか？　そんな期待も膨らんでいました。

しかし、入部して3ヶ月も経たず、フォアハンドを打つ際の違和感が常に発生するようになりました。そして、今までは相手が自分より上手い人のときだけだったのが、格下だと思う相手でも違和感が発生するようになってしまいました。

「フォアが打てない、フォアが打てない！」。そう心の中で沸き立つイライラを消し去るために、とにかく練習しました。練習量を増やしても改善に向かわなかったため、「どこかケガしているのでは？」と考え、近所の整形外科で診てもらうことにしました。

レントゲンなどいくつかの検査を行いましたが、結果は全く異常なし。先生にも「あまりにもおかしいなら、やめたほうがいいよ」と言われて、腹が立ったそうです。

当時、イップスという言葉があまり知られていなかったこともあって、結局、正体不明のまま、練習を続けていくしかありませんでした。

## ◎症例④（テニスのケース）
## サーブトスのとき、体が固まってしまう感覚

代表に選ばれた責任感から弱点を克服しようと練習を重ね、それが逆にトスの違和感につながっていました。解決方法がわからぬまま練習を続けた結果、だんだん違和感が常に起こるようになったのです。

サーブのトスの動作に入ったときに体が固まるような感覚に襲われ、トスがバラバラになり、同じ感覚で打てなくなってしまいました。ごまかせば何とか打てるものの、違和感が気になってしまって、ストレスが溜まっていきました。

「何なんだこれ…」と不思議に感じても、どうすることもできない日々が続いていきました。

# イップスレベル3「他者認識」

イップスレベル3「他者認識」では、考えられないようなミスや頻度が増えて、周りに気づかれ始めます。

レベル2までは、自分だけが認識していて、ごまかしながら上手くやり過ごすこともギリギリできました。この段階では、それすらも難しくなっていきます。

その具体例を競技ごとに紹介していきます。

## ◎症例①（野球のケース）「お前、イップスなの？」仲間に疑われ始める

キャッチボールからすでに違和感が発生し、ついに遠投でさえも叩きつけるようになってしまいました。満足に投げることができなくなったことで、「お前、イップスなの？」と疑われ

始めます。

「ちょっと横から投げてみたら？」。仲間からアドバイスをもらって実践します。すると、最初は「お、投げられる！」という感覚を得られました。多少変わったフォームではあるものの、コントロールが安定していたので、しばらくこれで投げていました。

もう治ったと感じていましたが、2ヶ月も経たないうちに、横からの投げ方でもまたすっぽ抜けたり、引っかけたりする球が出始めてしまいました。

ごまかす手段が消えてしまった彼に対し、監督は元々セカンドだった彼を外野にしたり、ファーストにさせたりしました。しかし症状は相変わらずで、ファースト牽制の返球で投げたくないので、「なるべく牽制投げないでくれ…」と念じるほどです。

このように周りにも認識されて、コンバートやフォームのアドバイスを受けるものの、一瞬良くなったり、再び悪くなったりを繰り返している状態でした。

## ◎症例②（ゴルフのケース）
## ベストスコア更新!?　それが悲劇の始まりに…

調子が出ない理由をスイングの問題ではないかと考え、レッスンを受け始めて以降、上達している実感はあるものの、本番のラウンドで発揮できない状況が続いていました。

それから半年後、とあるゴルフコンペで、何とベストスコアである86を出すことができたのです。「すごく上手いね！」。上司や同期、後輩から褒められて嬉しかったものの、「正直あのときは、まぐれでしたね。次やれと言われてもできないです」というほど、本人の中で実力以上のものが出てしまったそうです。

ここから悲劇が始まります。周りは、彼がたとえまぐれだと言ったとしても結果が出ているので、彼のことを上手い人と認定します。そんな期待の声を聞くたびに「次もコンペで頑張らなきゃいけない…」という気持ちになり、焦りが大きくなっていきました。

その焦りから、それ以降のラウンドでは、今までより症状が悪化していきました。「ここは、一発で打たなきゃいけない」と考えすぎてスコアを大きく落とし、周りの期待を裏切ってまた落ち込む。という負のループに入ってしまいました。

それを覆そうとレッスンに通っていましたが、ベストスコアを出した打ち方であることや、「下手に変えて、またボールに当たらなくなったらどうしよう」という考えから、スイング自体はなるべく変えたくない。という気持ちが強く、やみくもにとにかく練習をしていました。

しかし、症状は悪化する一方です。素振りのスイングは問題なくできるものの、実打に移行した途端、思うように動かせないことが増えていきました。「素振りは良いけどな…」と周りから言われ、悔しく悲しい気持ちになったといいます。

## ◎症例③（卓球のケース）ダブルスの相方に迷惑をかけ続ける日々

フォアハンドが思うように打てない違和感から、練習量を増やしたり整形外科に行くものの、全く改善の兆しが見えない状況でした。

その後も悪化する一方で、ダブルスで出場した大会では、格下相手の明らかなチャンスボールでさえも、全く打てずミスしてしまいました。相方からも「そこで、ミスるのかよ…」と言われる始末。

フォアを打つ瞬間に手首がビクッとなる感覚や、とんでもなく上に打ってしまったりネットになってしまったり、全くイメージ通りに打てなくなってしまったといいます。

当時「イップス」という言葉はあまり知られていなかったため、周りからイップスについて特に指摘されることはありませんでしたが、「練習しているのに、下手になっているよね…」という認識をされていました。

## ◎症例④（テニスのケース）ダブルフォルト連発でサーブが下手な人、認定

トスの感覚がおかしくなり、サーブが同じタイミングで打てないことで、ストレスが溜まっていく負の連鎖が止まらなくなっていました。

それも次第に悪化していき、サーブ自体が入らなくなる回数も増えていきました。試合でもダブルフォルトを連発するようになり、自分のサービスゲームで試合を全く有利に運べず、苦しい日々を過ごすことになっていきました。

この状況に対し、「周りに相談できれば良かったのですが、それがあまりできず、一人で葛

藤していました」と打ち明けることもできず、深刻化していきました。体には全く異常はないですし、周りはイップスに対する関心も薄かったようなので、なかなか難しい状況だったと思います。

## イップスレベル4「場面によって動作に影響」

イップスレベル4「場面によって動作に影響」する段階では、だんだん動作にも明らかな変化が見られるようになっていきます。

実際にどのような変化が見られたのか、具体的に症例をお伝えしていきます。

## ◎症例①（野球のケース）投げようとしたら、肘がカクンと動くように…

部活がテスト休みで1週間ほどボールを触らない期間があり、久しぶりにボールを投げようとしたら、「あれ？　投げ方どうだったっけ？」と、今までどう動かしていたのかわからなくなってしまいました。

元々、投げるのはあまり得意ではなかったこともあって、そのような違和感は以前からも何回かありました。ただ、しばらく投げていくうちに違和感がなくなっていったので、今回もそうなるだろうと思い、あまり気にしていませんでした。

しかし、その違和感は消えるどころか大きくなっていきました。だんだんとテイクバックで肘が上がらなくなり、耳の横から投げようとしたら肘がカクンと下がるようになってしまいました。最初は、試合など特定の状況で発生していましたが、徐々にその頻度が増えていきました…。

## ◎症例②（ゴルフのケース）
## 以前からの友人にスイングフォームを見られたくない…

営業コンペでベストスコアを出してしまったことがきっかけで、周りから実力以上の期待をかけられてしまい、そこからさらにスイングがおかしくなっていきました。

素振りでは自然に振れるものの、実際に打つときは動きが変わってしまっていました。ラウンドを回ってもチョロやシャンクがひどくなり、「素振りの達人」という認識になってしまいました。

ゴルフをするたびに悪化していき、ボールを前にするとスイングに硬直が現れて、必要以上に下から出るようになりました。周りの人からは「普通に上から打てばいいのでは？」と言われ、自分ではそうしようと思っていても、勝手に動きが変わってしまう状態でした。

「今の状態を知らない以前の友人には見られたくない…」。そんな気持ちが高まっていました。

## ◎症例③（卓球のケース）フォアで攻めた瞬間にミス、フォーム変更した後も…

フォアハンドで打とうとした瞬間、違和感が発生し、ミスで失点。ダブルスの相方にも呆れられ、結局どうすることもできず部活を引退しました。引退後も内部進学で進路は決まっていて時間があったので、何とかまた楽しく卓球をしたいと思い、練習に参加していました。

そのときに思いついたのは、フォームを変更することでした。具体的には、今までシェイクハンドで持っていたところを、ペンホルダーで持つように変えてみたのです。すると、ペンホルダーではフォアハンドを違和感なく打つことができました。「お、これでいこう！」。今までシェイクハンドで培ってきたスキルやテクニックは発揮できなくなりましたが、フォアハンドの違和感がなく、卓球ができることが嬉しくて、しばらくペンホルダーで練習を重ねていきました。

しかし、それから2ヶ月経ったある日の練習で、「あれ…？」。ペンホルダーでもフォアハンドの違和感が出てきてしまいました。再び違和感が発生してからは、あっという間にペンホルダーでもイップスの感覚になってしまいました。

そこから、大学でもサークルで卓球をやり始めるのですが、ペンホルダーでもイップスになるし、スキルはシェイクハンドに及ばないこともあって、もう一度シェイクハンドに戻すことにしました。

イップスは相変わらずでしたが、ごまかして何とか戦っていました。ロビングなら返せるので、ひたすらそれを打ってバックハンドで攻めるという戦い方です。フォアでは絶対に攻めることはしませんでした。それが精神的にきつかったといいます。

そして、フォアハンドの違和感は徐々に大きくなり、手首が硬直するような感覚に襲われるなど、動作にも影響が出てくることが増えていきました。

## ◎症例④（テニスのケース）一瞬治った？　しかし環境の変化で再び…

サーブのトスが上手く上がらない状況になり、周りにも相談できず辛い状況でした。さすがにマズいと思い、イップスについて相談できる方をネットで調べて話を聞いてもらうことにしました。

すると少しずつ改善され、同時にチームも結果を出し始めました。試合でも余裕が持てるようになり、結果的に症状が落ち着きました。「イップスを克服できたのでは？」そんな気さえしていました。しかし、とあるきっかけで再発することになるのです。

元々地方で活動していましたが、仕事の都合で都内に転勤することになりました。それもあって、テニスをする環境が地方から都内に変わります。そしてチームが変わることになるのですが、都内のチームはレベルが高く感じたそうです。

慣れない環境で、相手は上手い選手ばかり。余裕がなくなっていたときに、再びイップスの症状が現れました。サーブのトスが頭の後ろに上がってしまうようになり、全く定まらず、サーブを打つことができなくなりました…。

# イップスレベル5「場面に関係なく動作に影響」

イップスレベル5「場面に関係なく動作に影響」する段階では、動作の悪化が進み、明らかに不自然な動作になっていきます。緊張する場面などと全く関係なく、思い通りに動かせない状態です。

競技ごとに、具体的な症例を紹介していきます。

## ◎症例①（野球のケース）
## 腕を動かそうとしたら、ロックされて止まってしまう…

はじめはちょっとした違和感から、徐々に投げるときに肘がカクンと落ちるようになり、力強いボールが投げられなくなっていきました。焦って練習量を増やすものの、どのように修正すればいいのか理解していないので、やはり悪化していきます。

だんだん投げ方さえわからなくなり、遠投で70メートルを投げられていたのが、思いっきり力を入れて投げることができなくなりました。塁間の距離も届かなくなり、まともに投げられて5メートルほどです。投球動作に入ると、腕がロックされるような状態になります。

チームの守備練習には参加できなくなりました。ただ、シャドーピッチングになると自然に腕を動かすことができるので、不思議でたまりませんでした。改善方法は片っ端から試すものの、どれもきっかけをつかむことはできませんでした…。

## ◎症例②（ゴルフのケース）
## いざ、打ちにいこうとしても「振れない…」

素振りでは自然にスイングできるものの、ボールを前にして打つ構えに入った途端、スイングの硬直が出るようになっていました。

それが次第に悪化していき、ボールを打つとき、どのように打てばいいのかわからなくなり、頭が真っ白になる感覚に襲われました。ラウンドに行ったら、またチョロやシャンクを連発するのでは…と、営業コンペが恐怖でたまりません。好きだったゴルフが悪魔に変わってしまいました。

しかし、また思いっきり打てるようになりたい、楽しめるようになりたい…。その気持ちは残っていますし、体がどこか痛いわけではありません。「イップスさえ克服できれば…」。どうしても、あきらめることができませんでした。

## ◎症例③（卓球のケース）「え、嘘でしょ」、左手に挑戦したものの…

フォアハンドで打とうとすると、その瞬間、違和感が起こり失点してしまうので、ロビングでごまかしながら戦うというスタンスで、症状は改善しないまま、時間だけが過ぎていました。ある日「もうこの際、左手で打ってみるか…」と考えました。もちろん技術は、圧倒的に劣ることは覚悟の上です。「とにかく楽しめればいいや」という思いからでした。始めてみると、新鮮な感覚と懐かしい気持ちになったといいます。技術は初心者以下になりましたが、楽しく残りの大学生活を送ることができました。

その後、社会人となり、休みの日に卓球を楽しむ程度で続けていました。社会人3年目になって、お金と時間に余裕ができたこともあって、卓球場に通い、コーチをつけて学ぶことにしました。

そこではずっと左です。指導を受けたことで、上手くなってきた感覚があったといいます。しかし、指導を受けて1年後、左でもフォアハンドがイップスになってしまったのです。コントロールが全く利かなくなり、かつての右の状態に近づいていきました。

右で打ってみても違和感は全く抜けておらず、手首がビクッと固まる感覚が残っています。左では動作に影響はないものの、打っている感覚がなく、全くどうにもできない。そんな状態に陥りました…。

## ◎症例④（テニスのケース）腕の位置を無理やり高くして、体ごとトスを上げる…

代表になった責任感から弱点のサーブを気にするようになって、そこからドツボにはまるように感覚がおかしくなっていきました。

トスを上げる手の感覚がおかしくなり、とにかく真上に上げようと思っていても、全く上がる気がしません。腕の位置を無理やり高くして、体ごと動かして上げるイメージでやっていたといいます。

いざ本番になると、無意識で体が固まってしまって気持ち悪い状態になり、深呼吸…。ボールを変えてトスを上げる練習をしたり、脳のメカニズムを勉強して高額のメンタルトレーニングを実践するものの、全く効果がありません。「どうすればいいんだ…」と、どんどん状態が深刻化していきました。

以上が、イップスの体験談になります。どの方向性で頑張ればいいのかわかないまま取り組み続けた結果、イップスを悪化させてしまったのではないかと思います。

次の第4章からは、実際にどのようにイップスを克服していけばいいのか、トレーニング方法の解説に進んでいきます。

イップスを克服して、また楽しく競技に取り組むために一緒に頑張っていきましょう。

## 第3章のまとめ

①イップスレベルが上がるにつれて、「結果と動作」に変化が現れる。
②気にするほどでもない、ちょっとした違和感が「イップスレベル1」。
③自分の中で、はっきりと違和感を自覚するのが「イップスレベル2」。
④考えられないようなミスが増えて、周りに気づかれ始めるのが「イップスレベル3」。
⑤動作に支障が現れ出して、徐々に深刻化していくのが「イップスレベル4」。
⑥場面に関係なく、明らかに動作に支障が出るのが「イップスレベル5」。

column 3

# サルはイップスになるのか？

ちょっと変わったテーマですが、サルはイップスになるのか考えていきたいと思います。サルについては解明されていないことも多く、本格的な研究をしたわけではないため、今回の議論に科学的根拠はありません。あくまでも仮定の話ですが、イップスのメカニズム理解に役立つ内容なので読んでみてください。

ここでは、サルよりもさらに人間に近いとされる、チンパンジーを例に考察してみます。

結論から言うと、イップスにはならないと思われます。その理由は、理性的な思考を司る大脳新皮質の大きさが、チンパンジーよりも人間は3倍ほど大きいからです。つまり、人間のほうが思考力が高く理性的に考えることができ、チンパンジーのほうが本能に近い行動をすることになります。

例えば、怖い先輩とのキャッチボールに誘われたときに「本当はやりたくない…だけど断ったら気まずいな。嫌なやつだと思われるし、周りに悪い印象を与えるかもしれない。しょうがないからやるしかないか…」と、理性的にあれこれ考えて、結局やりたくないことを選択してしまうのが人間です。

そして、キャッチボールになっても「本当は思いっきり投げたいけど、万が一、変なところに投げて迷惑かけたくないな。怒られるかもしれないし。ここは暴投しないようにゆっくり投げるしかないな…」と、またしても本当はやりたくないことを我慢しながら選択することになります。

こういった、理性と本能の葛藤がイップスにつながります。ただ、全ての人がイップスになるわけではなく、理性的にあまりあれこれ考えない人は、同じ状況でも気にせずキャッチボールができたりします。

同じ大脳新皮質の大きさである人間の中でも、イップスになる人とイップスになりづらい人がいる中で、大脳新皮質の機能が人間よりも劣るチンパンジーが（当然サルも）、イップスになるのは考えづらい、というのが私の考えです。イップスは人間だからこそ起こるものだということですね。

# 第4章

# イップス克服トレーニング①

# レベル把握編

# イップス克服に必要な3つの要素とは？

イップスを克服するためには、３つのステップを順番にクリアする必要があります。

①イップスレベル把握編、②メニュー作成編、③トレーニング実践編、という流れです。これらを「イップス克服の３要素」と呼んでいます。

第４章では、最初のステップである「イップスレベル把握編」を具体的に解説します。集中して読み進めていきましょう。

図 4-1

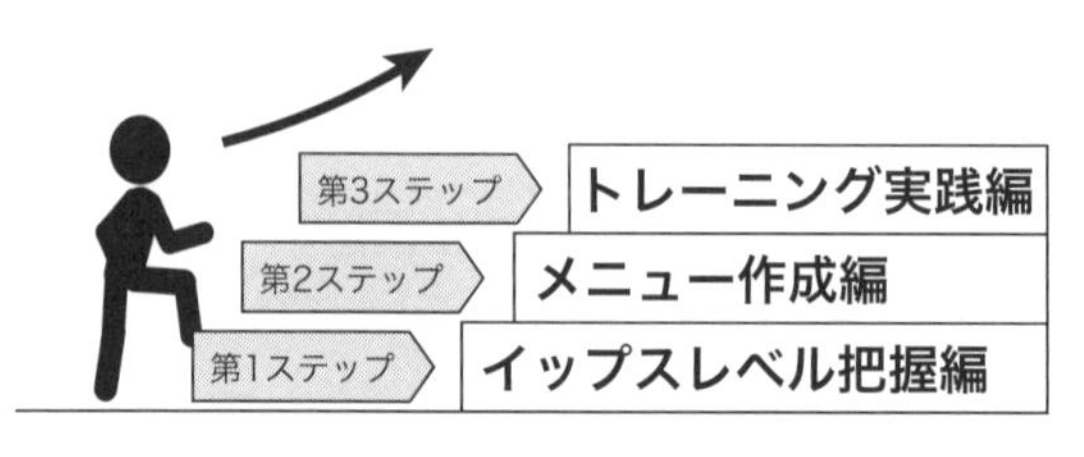


イップス克服の3要素

# なぜ、イップスレベルを把握する必要があるのか？

イップスレベルを把握する理由は、「自分にとって最適な練習を行うため」です。今までイップスは、症状の度合いに関係なくまとめて「イップス」と呼ばれてきました。そのため、数々の誤解や憶測を生み、克服することが難しくなっていました。

軽度と重度では、克服期間が1年以上変わってくるケースもあり、症状に合わせた最適な練習が必要です。イップスレベルを把握することで、あなたのイップス克服スピードは格段に変わります（第2章の図2―9参照。69ページ）。

# イップスレベルってどうやって把握するの？

イップスレベルを把握するために作成したのが、「イップスレベル診断シート」（130〜131ページ図4—3）です。ワークシートの質問に答えるだけで、あなたのイップスレベルがわかります。

これまで、実際にイップスを克服するためのサポートを行ってきて、イップスレベル1から5までの選手が具体的にどのような状態で、どのような思考を持っているのか。個別カウンセリングの結果をもとに作成した診断シートです。

イップスレベルに関わる要点だけおさえた質問を厳選しました。所要時間3分ほどで把握できます。

図4—2で説明している、「イップスレベル診断シート」回答後の流れを読んで、次のステップに進んでください。

図 4-2

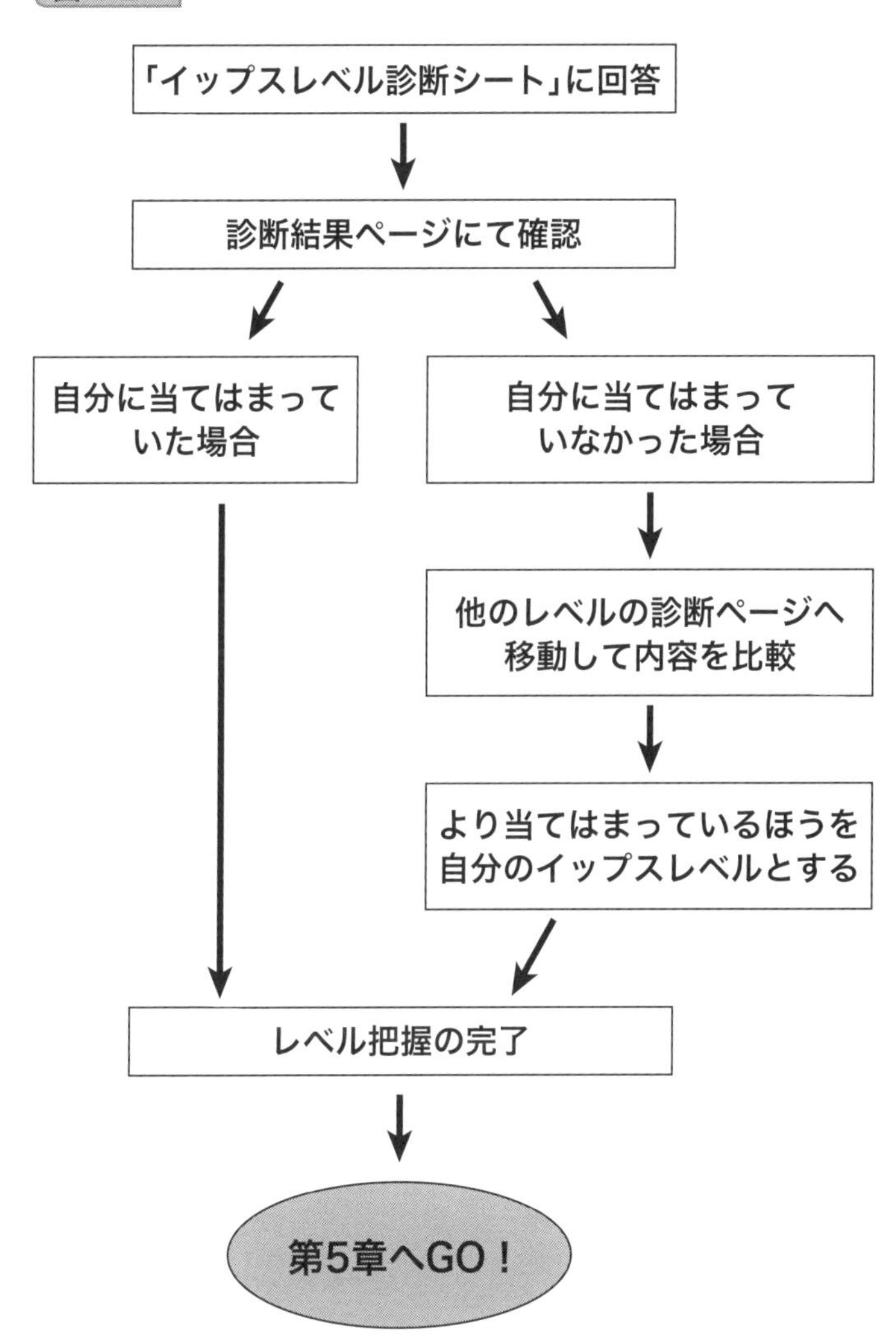
「イップスレベル診断シート」に回答
診断結果ページにて確認
自分に当てはまっていた場合
自分に当てはまっていなかった場合
他のレベルの診断ページへ移動して内容を比較
より当てはまっているほうを自分のイップスレベルとする
レベル把握の完了
第5章へGO！

## 実際にイップスレベルをチェックしよう！

では、実際にイップスレベルを把握していきましょう。図4―3「イップスレベル診断シート」の質問にYES／NOで回答しながら、指示にしたがって進んでいきます（参考用として、222ページからの巻末資料で、各設問の解説を収録）。

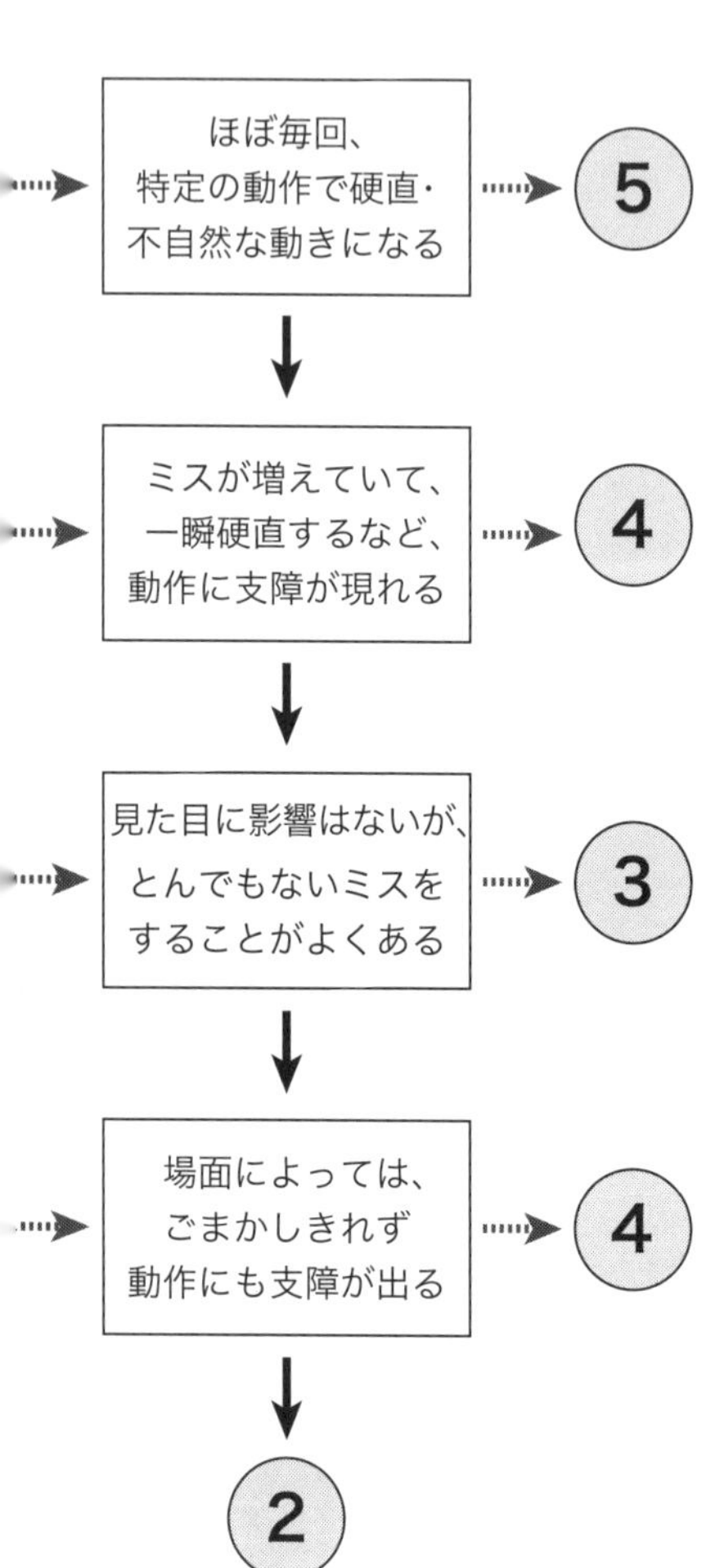

図 4-3

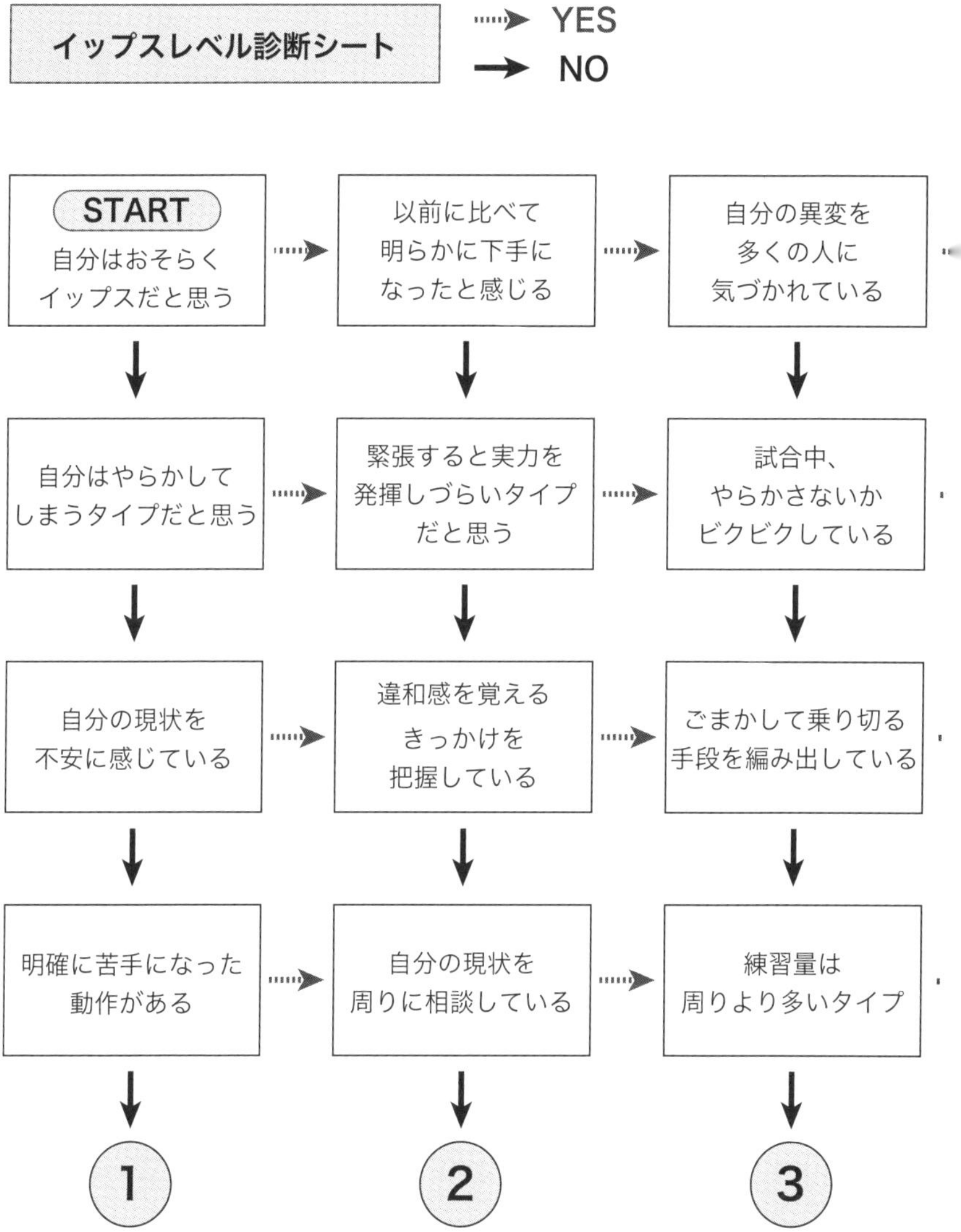

**イップスレベル診断シート**

┈┈➤ YES
──➤ NO

| | | |
|---|---|---|
| START<br>自分はおそらくイップスだと思う | 以前に比べて明らかに下手になったと感じる | 自分の異変を多くの人に気づかれている |
| 自分はやらかしてしまうタイプだと思う | 緊張すると実力を発揮しづらいタイプだと思う | 試合中、やらかさないかビクビクしている |
| 自分の現状を不安に感じている | 違和感を覚えるきっかけを把握している | ごまかして乗り切る手段を編み出している |
| 明確に苦手になった動作がある | 自分の現状を周りに相談している | 練習量は周りより多いタイプ |
| ① | ② | ③ |

# 「イップスレベル診断シート」の結果

## ◎「イップスレベル1／問題なし」の場合

**症状解説**

この診断結果が出たあなたは、イップスレベル1「瞬間的な違和感」あるいは「問題なし」です。かなり軽いレベルです。基本的に気づかないですし、気づいたとしても「確かに言われてみたら、おかしかった気がする」くらいです。

「今すぐ何かしなければ！」と焦りすぎる必要はありませんが、イップスの克服方法をあらかじめ理解しておくことで予防になりますし、パフォーマンスアップにもつながります。

## 競技ごとの症例

症状解説だけでは、イップスレベルが合っているか判断が難しいときのために、競技別の症例を紹介します。

### 野球

・先輩に投げるバッティングピッチャーで、いつもと違う感覚を覚えた。
・大事な場面で打球が飛んできて、送球時に腕が縮こまる感覚があった。
・「ミスをできない…」と感じると、動きが鈍くなってしまう。

### ゴルフ

・問題なく入れられる簡単なパターを打つときに、少しだけ不快感を覚える。
・チョロしている選手を見て、「あれは絶対に打ちたくない…」と思う。
・アプローチショットなど、力加減を調整するのは苦手。

## 卓球

・強い選手と練習するとき、萎縮して動きが固くなる。
・点を取られたら負ける状況で、大事に打ったらミスを犯した。
・格下の相手と戦うときに「ここで負けたらヤバい…」と思うことが多い。

## テニス

・サーブはあまり得意ではないが、今は問題なく戦える。
・高いレベルを経験したことがあって、自分には厳しい。
・たまにフォアハンドが安定しない日があるが、翌日には戻る。

## その他

・仕事で上司や目上の人に怒られた後、話しかけづらい。
・渾身のネタがスベってしまい、次に口を開くとき気まずい。
・必要以上に期待されて、「結果を何とか出さなきゃ…」と思う。

## 自分に当てはまっていた場合

イップスレベル1の診断結果を読んで、当てはまっていた場合は、イップスレベル把握完了です。次のステップである「第5章 メニュー作成編」に進んでください。

## 自分に当てはまっていなかった場合

イップスレベル1の診断結果を読んで「何か違うな…」と感じた場合は、イップスレベル2の診断結果ページに移動して、内容を比較してみましょう。より自分に当てはまっているほうが、現時点でのあなたのイップスレベルになります。

## ◎「イップスレベル2」の場合

### 症状解説

この診断結果が出たあなたは、イップスレベル2「自己認識」です。レベル2から徐々に「あれ？　感覚がおかしいな…」と感じ始めていきます。周りからは気づかれていないものの、内心ちょっとだけ不安。そんな状態です。この段階からイップスが悪化していくため、要注意です。

### 競技ごとの症例

症状解説だけでは、イップスレベルが合っているのか判断が難しいときのために、競技別の症例を紹介します。

**野球**

・たまに、すっぽ抜けたり、引っかけたりすることがある。
・塁間以下の距離になると調節できず、苦手意識を感じる。
・遠い距離を投げるときは、全然違和感なく投げられる。

**ゴルフ**

・緊張する場面になると、手が震えてしまう。
・一定の距離のパターになると、全く入る気がしない。
・池やバンカーがある場面で打つと、なぜか安定しない。

**卓球**

・相手のボールに対して、反応が異常に遅くなる。
・フォアサーブの際に、特定の回転が出せなくなってしまった。
・フォアでは違和感があるが、バックハンドは全く問題ない。

**テニス**

・試合になると身体が固まる感覚があって、トスが安定しない。
・球出しをする際に腕が震えて、変なところに飛んでいく。
・たまにフォアハンドの打ち方がわからなくなり、突然入らなくなるときがある。

**その他**

・特定の人との会話になると、思うように話せないときがある。
・頭の中でシミュレーションして覚えた原稿が、本番で出てこない。
・本当は言いたかったことが結局話せず、家に帰って落ち込む。

## 自分に当てはまっていた場合

イップスレベル2の診断結果を読んで、自分に当てはまっていた場合は、イップスレベル把握完了です。次のステップである「第5章 メニュー作成編」に進んでください。

**自分に当てはまっていなかった場合**

イップスレベル2の診断結果を読んで「何か違うな…」と感じた場合は、イップスレベル1、もしくはイップスレベル3の診断結果ページに移動して、内容を比較してみましょう。より自分に当てはまっているほうが、現時点でのあなたのイップスレベルになります。

## ◎「イップスレベル3」の場合

**症状解説**

この診断結果が出たあなたは、イップスレベル3「他者認識」です。

レベル3になると、ごまかしが効かなくなって、とんでもないミスが増えていきます。「お前、イップスなの？」と周りにバレ始めていきます。ここまでくると黄色信号です。動作に影響が現れる一歩手前にいる状態です。

動作に影響があるかないかの違いで、克服までの期間が1年以上変わることもありますので、今のうちに克服しておきましょう。

## 競技ごとの症例

症状解説だけでは、イップスレベルが合っているのか判断が難しいときのために、競技別の症例を紹介します。

**野球**

- とんでもないところにすっぽ抜けたり、叩きつける球を投げてしまう。
- 周りの友達や指導者から「お前、イップスなのか？」と疑われ始める。
- 自分の身体を、どのように動かしているのかわからない。

**ゴルフ**

- 「いざ、打つぞ」というタイミングで、一瞬止まるような感覚がある。
- 「お前、素振りはいいけどな…」と周りから指摘を受け始める。

・恥ずかしいショットにならないだろうか…と常に心配している。

**卓球**

・フォアで攻めた瞬間、いつもミスしてしまう。
・「そこでミスるのかよ…」とチームメイトに、ぼやかれる。
・バックハンドだけは打てるので、上手くしのぎながら戦っている。

**テニス**

・トスが全然違う方向に上がってしまい、サーブが打てない。
・フォアの打球がとんでもない方向に飛んでいったり、ネットにかかる。
・周りから「あいつ、イップスらしいよ…」と噂をされる。

**その他**

・「つまらない奴だよな…」と周りに認識される。
・最近、顔色がおかしいことを心配される。

・自分の状況を「まずい…」と思っていながらも相談できない。

### 自分に当てはまっていた場合

イップスレベル3の診断結果を読んで、自分に当てはまっていた場合は、イップスレベル把握完了です。次のステップである「第5章 メニュー作成編」に進んでください。

### 自分に当てはまっていなかった場合

イップスレベル3の診断結果を読んで「何か違うな…」と感じた場合は、イップスレベル2、もしくはイップスレベル4の診断結果ページに移動して、内容を比較してみましょう。より自分に当てはまっているほうが、現時点でのあなたのイップスレベルになります。

## ◎「イップスレベル4」の場合

### 症状解説

この診断結果が出たあなたは、イップスレベル４「場面によって動作に影響」です。

レベル４になると、動作にも支障が出てくるようになります。周りから見ると不自然な動きに変化していくので、「何かフォーム変わった？」と言われるようになります。これはイップス動作がクセとして定着し始めていることによって起こります。

今の状態を放っておくと、まず間違いなくイップスレベル５に進んでいくでしょう。しかも、練習すればするほど進行速度を早めます。できるなら、今すぐ方向性を見直して、練習方法を変えてください。

### 競技ごとの症例

症状解説だけでは、イップスレベルが合っているのか判断が難しいときのために、競技別の症例を紹介します。

**野球**

・投球動作に入ると、肘がカクンと下がる動作が入ってしまう。
・「あれ？　何かフォーム変わった？」と仲間に心配される。
・いろいろとアドバイスされるものの、すぐ元に戻ってしまう。

**ゴルフ**

・打つ瞬間に硬直し、下から出るあおり打ちになってしまう。
・「以前の友達にこの姿を見られたくない…」と、恥ずかしい気持ちになる。
・「とりあえず当たってくれ…」と心配しながら打つ。

**卓球**

・フォアハンドを打つときに、手首がビクッと動く感覚がある。
・ロビングでごまかして戦うので、精神的にとてもきつい。

・空振りしたり、全くタイミングが合わずネットにかかる。

**テニス**

・腕が固まるので、体全体を使って強引にトスを上げる。
・ダブルフォルトが増えて、失点を連発。
・「フォーム変えた？　下手になったね」と言われる。

**その他**

・職場に居場所がなく、孤独感を感じる…。
・この仕事を続けている意味があるのかと感じる。
・仕事でミスを繰り返し、指摘されても頭に全く入ってこない。

## 自分に当てはまっていた場合

イップスレベル４の診断結果を読んで、自分に当てはまっていた場合は、イップスレベル把握完了です。次のステップである「第5章 メニュー作成編」に進んでください。

**自分に当てはまっていなかった場合**

イップスレベル4の診断結果を読んで「何か違うな…」と感じた場合は、イップスレベル3、もしくはイップスレベル5の診断結果ページに移動して、内容を比較してみましょう。より自分に当てはまっているほうが、現時点でのあなたのイップスレベルになります。

## ◎「イップスレベル5」の場合

**症状解説**

この診断結果が出たあなたは、イップスレベル5「場面に関係なく動作に影響」です。周りから見ても、明らかに不自然な動作になります。ボールを投げようとしても、腕がロックされて動かない。思いっきり打とうとしても、スイング動作で硬直してしまうなど、初めて見る人からは「え？　何でこうなるの？」と驚かれる状態です。

緊張しない場面でも症状が現れます。完全にお手上げ状態です。

ただ、慌てずに練習に取り組むことで克服は可能です。次のステップに進み、自分に合わせたトレーニングメニューを作成していきましょう。

## 競技ごとの症例

症状解説だけでは、イップスレベルが合っているのか判断が難しいときのために、競技別の症例を紹介します。

**野球**

- 投球動作に入ると腕がロックされて、全く思い通りに動かすことができない。
- 緊張に全く関係なく、フォームが崩れてしまう。
- いろいろと試したものの、どれも上手くいかず、結局どうすればいいかわからない。

**ゴルフ**

・いざ打とうとスイング動作に入ったものの、全く思い通りに動かせない。
・スイング動作を途中で中止してしまうことが多い。
・素振りと実打では、全然違う動きになってしまう。

**卓球**

・相手に関係なく、フォアハンドで打った瞬間、ミス連発。
・手首が固まる感覚に襲われて、狙った球を打つことができない。
・周りに相談してみるものの、全く取り合ってもらえず理解を得られない。

**テニス**

・サーブ動作に入った瞬間、感覚がおかしくなり動作が変わってしまう。
・打つ瞬間、力が入らずラケットが飛んでいく。
・テイクバックが、自分の利き手と反対の耳に当たるようになってしまう。

**その他**

- 出勤前に、起き上がることができない。
- 電車に乗ろうとしたら、身体に異常が起こる。
- 上手く人と会話することができない。

## 自分に当てはまっていた場合

イップスレベル5の診断結果を読んで、自分に当てはまっていた場合は、イップスレベル把握完了です。次のステップである「第5章 メニュー作成編」に進んでください。

## 自分に当てはまっていなかった場合

イップスレベル5の診断結果を読んで「何か違うな…」と感じた場合は、イップスレベル4の診断結果ページに移動して、内容を比較してみましょう。より自分に当てはまっているほうが、現時点でのあなたのイップスレベルになります。

## 第4章のまとめ

①イップスを克服するための最初のステップが「イップスレベルを把握すること」。
②イップスレベルを把握しないといけない理由は、「症状に合わせた最適な練習をするため」。
③「イップスレベル診断シート」で、イップスレベルがわかる。
④イップスレベル診断を受けて結果がわかったら、第5章へ進む。

column 4

# イップスへの理解者が多いだけでこんなに違う!

イップスを克服するためには、周りの方々のサポートが本当に重要だなと痛感したエピソードがあります。当時、愛知に住んでいた中学3年生の野球選手のエピソードです。

彼は中学1年生の冬頃からイップスに悩んで、遠投70メートルだったのがわずか5メートルほどしか投げられなくなってしまいました。いろいろと試行錯誤を繰り返したそうですが、全部ダメだったみたいです。

バッティングには自信があるため、送球さえ何とかなれば高校野球でも活躍できる。ただ、その送球がどうすることもできない。そんな状態でした。

当時、いろいろと調べていたこともあって、私が配信しているYouTubeも少し見ていたそうです。しかし、これだけ試してダメだったというネガティブな気持ちから、あまり信じることができず、動画を見てもピンときませんでした。

そんなとき、彼にきっかけをくれた人物がいました。それが、行きつけの接骨院の先生。先生にイップスについて相談すると「何かこんな人がいるみたいだよ。相談してみたらどうかな？」と軽い感じで専門家を紹介したそうです。それが私でした。

「あ、この人か！」となった彼は、すぐにLINE相談をしてみようと決めました。しかし、彼はまだ携帯を持っていません。そこで、お母さんに聞いてみます。「この人にＬＩＮＥ相談していい？」。その後、母親の携帯から私にメッセージが届きました。長文とイップスで投げられない動画が送られてきました。

そこからＬＩＮＥのやり取りが始まって、本格的にサポートを開始しました。遠方の方とはオンラインでもやり取りを行っていますが、「直接会って教わったほうがいいんじゃない？」と、お母さんの一声で、愛知から東京にわざわざ足を運んで会いに来てくれました。

直接指導で良い感覚をつかみ、そこから徐々に10メートル、20メートルと少しずつ距離を伸ばしていきました。直接会って以降、定期的に愛知に指導に行きました。そこでも、お母さんが車で迎えに来てくれたり、練習場所を見つけてくれたり、お父さんやお兄さん、友達が練習を手伝いに来てくれたりと、本当に周りの方々に協力していただきました。

その結果、高校入学直前の3月には、自然な投げ方で70メートルまで投げられるようになりました。これは間違いなく、彼の周りの方々がイップスについて理解し、力を貸してくれたからだと思います。接骨院の先生、お母さん、お父さん、お兄さん、友達に心から感謝します。

少しずつでも、イップスに悩む選手を理解して協力しようと考える方が増えていったら嬉しいです。

イップスを克服した伊藤樹生君（右）と著者

# 第5章

# イップス克服トレーニング②

# メニュー作成編

# よくやってしまうダメな練習

イップスレベルを把握した後の、次のステップとして、トレーニングメニューの作成をします。メニュー作成を行う理由は、意味のない練習をしないためです。

メニュー作成に進む前に、絶対にやってはいけないNG練習について紹介します。こういった練習はメニュー以前の問題なので、やらないように気をつけてください。

## NG練習①　「とにかく量をこなす」

イップスになると、動作そのものが不安定になって、悪化する方向に向かっていきます。その不安定な状態でむやみに量をこなすと、悪いクセとして定着する可能性が高いのです。一度定着したフォームを修正するのは時間がかかってしまうので、完全にムダな練習になってしまいます。

「前は毎日練習を積み重ねたから、上手くいった」という過去の成功体験や周りの憶測によるアドバイスで、このような練習の仕方をしてしまっている選手がとても多いのです。量を増やすタイミングは本当に気をつけてください。

## NG練習②「いきなり緊張度MAXに挑み続ける」

「イップスだからって逃げるのか？」と周りの指摘によって、不安しかない状態で無理やり試合に出場し続けたり、緊張する状況に身を置いて苦手な動作をやり続けたりすることは絶対NGです。

過度な緊張は動作を変化させて失敗確率が高まり、余計に自信をなくしていくだけです。仮に成功したとしても偶然なので、自信にもなりません。

これも、やってしまっている選手が非常に多いです。体に異常があるわけではないので、悪化していくとも知らずに挑み続けてしまいます。

では、ここからどのように練習していけばいいのでしょうか？　その疑問を解決するのが、次のステップであるメニュー作成編です。

一人ひとりの症状に合わせてトレーニングメニューを作成していきます。その具体的な方法を解説していきます。

# あなたのイップス症状を分析しよう

トレーニングメニューの作成に必要なものは、イップスレベルと緊張度の理解です。「イップス克服のカギ=緊張度の理解」といっても過言ではないほど、重要な内容です。

そもそも緊張度とは、何でしょうか。例えば、1人で行うストラックアウトと10人に見られているストラックアウトではどちらが緊張しますか？　たいていの場合、10人に見られているほうが緊張すると思います。こういった緊張の度合いのことを「緊張度」と呼んでいます。

イップスを克服するためには、緊張度をコントロールしながら、動作を覚えていく必要があります。最初は緊張度を下げた状態で練習し、徐々に緊張度を高めていきます。

しかし、ここで１つ問題があります。人によって緊張する場面が違うということです。指導者に見られていると緊張する人もいれば、誰に見られているかは関係ない人もいます。

他にも、「このプレーで勝敗が決まる！」という重要な局面になると緊張する人もいれば、試合の局面は全く関係ない人もいます。

つまり、人それぞれです。だからこそ、まずは自分の緊張度が何によって変化するのかを知る必要があります。「あなたはどんなときに緊張度が高まって、イップス症状が現れますか？」、この質問に対する具体的な内容が、メニュー作成に必要不可欠です。

その情報をまとめて理解できるワークシートを作成しました。これを活用してイップス症状を一緒に分析していきましょう。

# 「イップス詳細分析ワーク」に答えてみよう

ではさっそく、個別のイップス症状を細かく理解するために、ワークに答えてみましょう。「イップス詳細分析ワーク」という10個の質問を用意しました。これをもとに、トレーニングメニューを作成していきます。まずはワークに取り組んで、自分自身について理解を深めていきましょう。

## 「イップス詳細分析ワーク」

**質問1　あなたのイップスレベルはいくつでしたか？（診断結果にチェック）**

・イップスレベル1「瞬間的な違和感」
・イップスレベル2「自己認識」

・イップスレベル３「他者認識」
・イップスレベル４「場面によって動作に影響」
・イップスレベル５「場面に関係なく動作に影響」

**質問２　イップスを自覚して、どれくらい経過しましたか？**

・１ヶ月未満
・１ヶ月以上～３ヶ月未満
・３ヶ月以上～１年未満
・１年以上～３年未満
・３年以上

**質問３　あなたが克服したいイップス動作を１つ決めてください。**

（What：具体的な動作＝ゴール地点）

**（例）**どんな相手とのキャッチボールでも、違和感なく投げたい（野球）
大事な場面でのパターも、自然に打てるようになりたい（ゴルフ）
サーブのトスを、違和感なく上げられるようになりたい（テニス）など

**質問4　いつ、どのタイミングでイップス症状が現れますか？**
（When：時間、時期、場面）

**（例）**寒い冬の練習で、最初に投げる1球目（野球）
ラウンドを良い調子で回れているとき（ゴルフ）
観客の多い試合で、トスを上げるとき（テニス）など

**質問5　どこで、イップスの症状が現れますか？**
（Where：場所、環境）

**（例）**隣との距離が近いとき、悪送球を投げると相手に迷惑がかかるとき（野球）

熟練者なら入れて当たり前の距離でのパター（ゴルフ）
勝って当たり前の試合で、劣勢に追い込まれているとき（テニス）など

**質問6　特定の人や見ている人数の増加によって、イップス症状が現れますか？**

（Who：人、観衆）

**（例）**先輩Tさんとのキャッチボール（野球）
上司、コーチが見ているときのラウンド（ゴルフ）
顧問が練習を見ているとき（テニス）など

**質問7　イップスになった原因やきっかけは、何だと思いますか？**

（Why：原因、理由）

**（例）**高2の秋大会で犯した致命的なミス（野球）
簡単なパターを外して、勝利を逃してしまったこと（ゴルフ）

顧問にフォームをいじられてしまったこと（テニス）など

**質問8　具体的に、どのような症状が現れますか？**

（How：状態）

**（例）**とんでもなくすっぽ抜けたり、引っかけたりする（野球）
パターになると、腕が固まる感覚がある（ゴルフ）
トスを上げようとすると、身体が硬直して動かせなくなる（テニス）など

**質問9　イップス症状が現れる、現れない境界線はどこですか？**

（基準点）

**（例）**仲の良い友達とのキャッチボールなら大丈夫だが、相手が変わるとダメ（野球）
友人とのラウンドなら平気だが、営業コンペになるとおかしくなる（ゴルフ）
入れるだけのサーブなら大丈夫だが、強く打とうとするとダメ（テニス）など

**質問10　イップス症状が現れる動作において、最も気楽に動作ができる状況は何ですか？**
（スタート地点）

**（例）** ネットスロー、あるいは壁当て（野球）
打ちっぱなし（ゴルフ）
壁打ち（テニス）など

# ワークの回答から、具体的なメニューを作成しよう

「イップス詳細分析ワーク」の内容をもとに、具体的なメニュー作成に進んでいきます。最初に、イップス克服期間と練習頻度を確認しましょう。ワークの質問1と質問2の回答内容をもとに、簡単な計算をしてみてください。

**回答1　あなたのイップスレベルはいくつでしたか？**

・イップスレベル1「瞬間的な違和感」　→1点
・イップスレベル2「自己認識」　→2点
・イップスレベル3「他者認識」　→3点
・イップスレベル4「場面によって動作に影響」　→4点
・イップスレベル5「場面に関係なく動作に影響」　→5点

**回答２　イップスを自覚して、どれくらい経過しましたか？**

・１ヶ月未満　↓１点
・１ヶ月以上〜３ヶ月未満　↓２点
・３ヶ月以上〜１年未満　↓３点
・１年以上〜３年未満　↓４点
・３年以上　↓５点

↓イップスレベルの点数＋イップス経過時間の点数＝（　）点

**克服の難易度と克服期間の目安（イップスレベル＋イップス期間）**

・２〜３点↓　比較的簡単　１〜２ヶ月（週３回）
・４点↓　やや難しい　２〜３ヶ月（週３回）

・5～6点↓　難しい　3～6ヶ月（週3回）
・7～8点↓　困難　6～12ヶ月（週3回）
・9～10点↓　至難　1～2年（週3回）

克服期間の目安を把握した後は、具体的なメニューを作成するための専用シートを用意しているので、自分が答えたワークの内容を見ながらシートに記入してみましょう。

170～171ページの図「メニュー作成シート」を参照ください。

記入した後は、「メニュー作成シート〈解説編〉」と活用方法の解説を読みながら、どのように練習を進めていくのか、イメージしましょう。

172～173ページの図「メニュー作成シート〈解説編〉」を参照ください。

## 「メニュー作成シート」活用方法の解説

### ◎克服期間と練習頻度（質問1＋質問2）

最初に、あなたがイップスを克服するまでに、およそどれくらい時間がかかるか把握します。克服期間の出し方は前記の通り、イップスレベルとイップス経過時間をもとにしています。ゴールまでどれくらいの距離があるのか、目安にしてください。

**①スタート地点（質問10の回答）**

ここでは、最初に始める練習メニューを決定します。解説の例ではネットスローと記入されているため、このケースの場合、ネットスローが最初のメニューになります。ここを起点に成功体験を少しずつ積んでいきましょう。

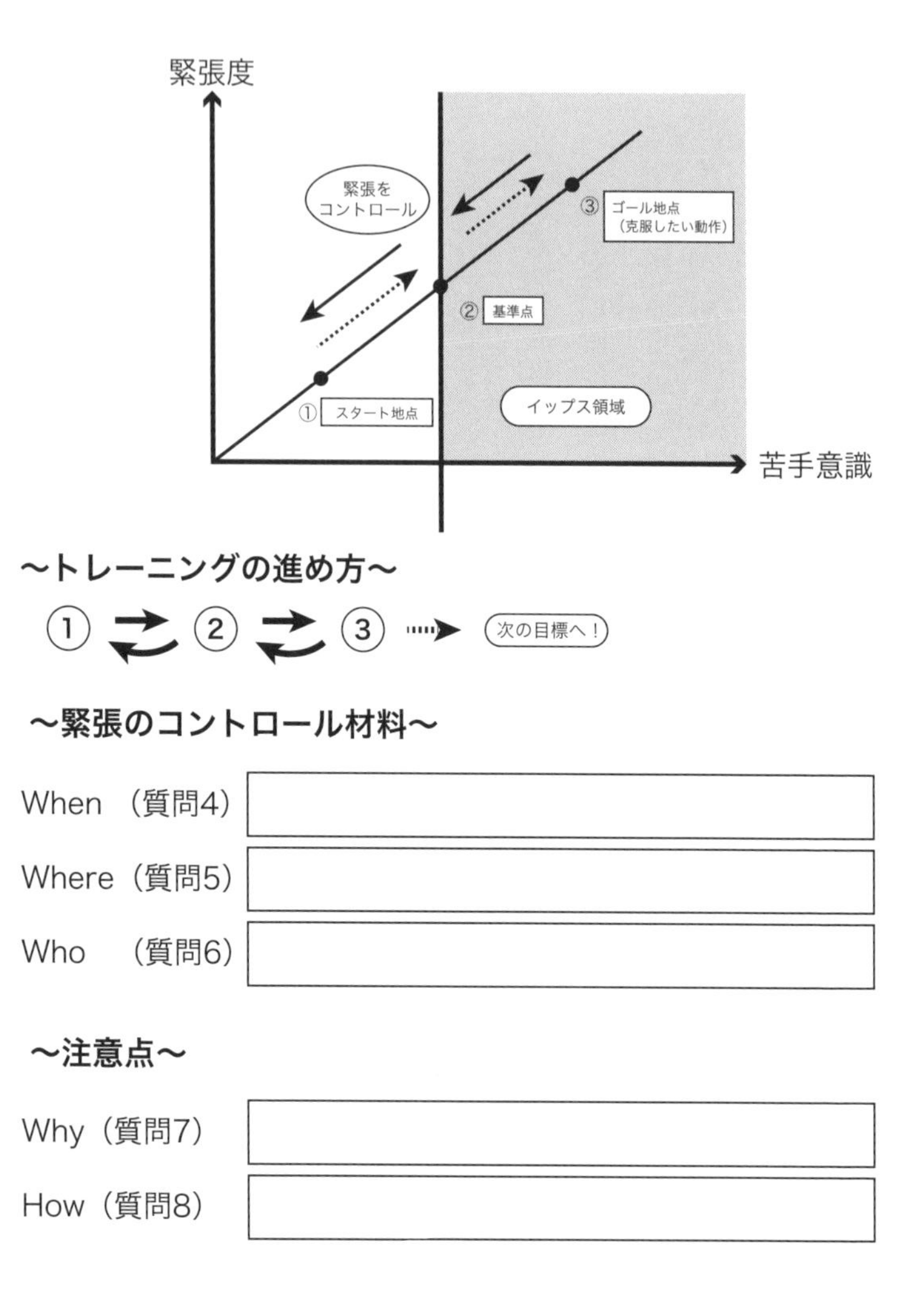
緊張度
緊張を
コントロール
③ ゴール地点
（克服したい動作）
② 基準点
① スタート地点
イップス領域
苦手意識
～トレーニングの進め方～
① ② ③
次の目標へ！
～緊張のコントロール材料～
When （質問4）
Where（質問5）
Who （質問6）
～注意点～
Why（質問7）
How（質問8）

## メニュー作成シート

**克服期間と練習頻度（質問1＋質問2）**

→

**①スタート地点（質問10の回答）**

→

**②基準点（質問9の回答）**

→

**③ゴール地点（質問3の回答）**

→

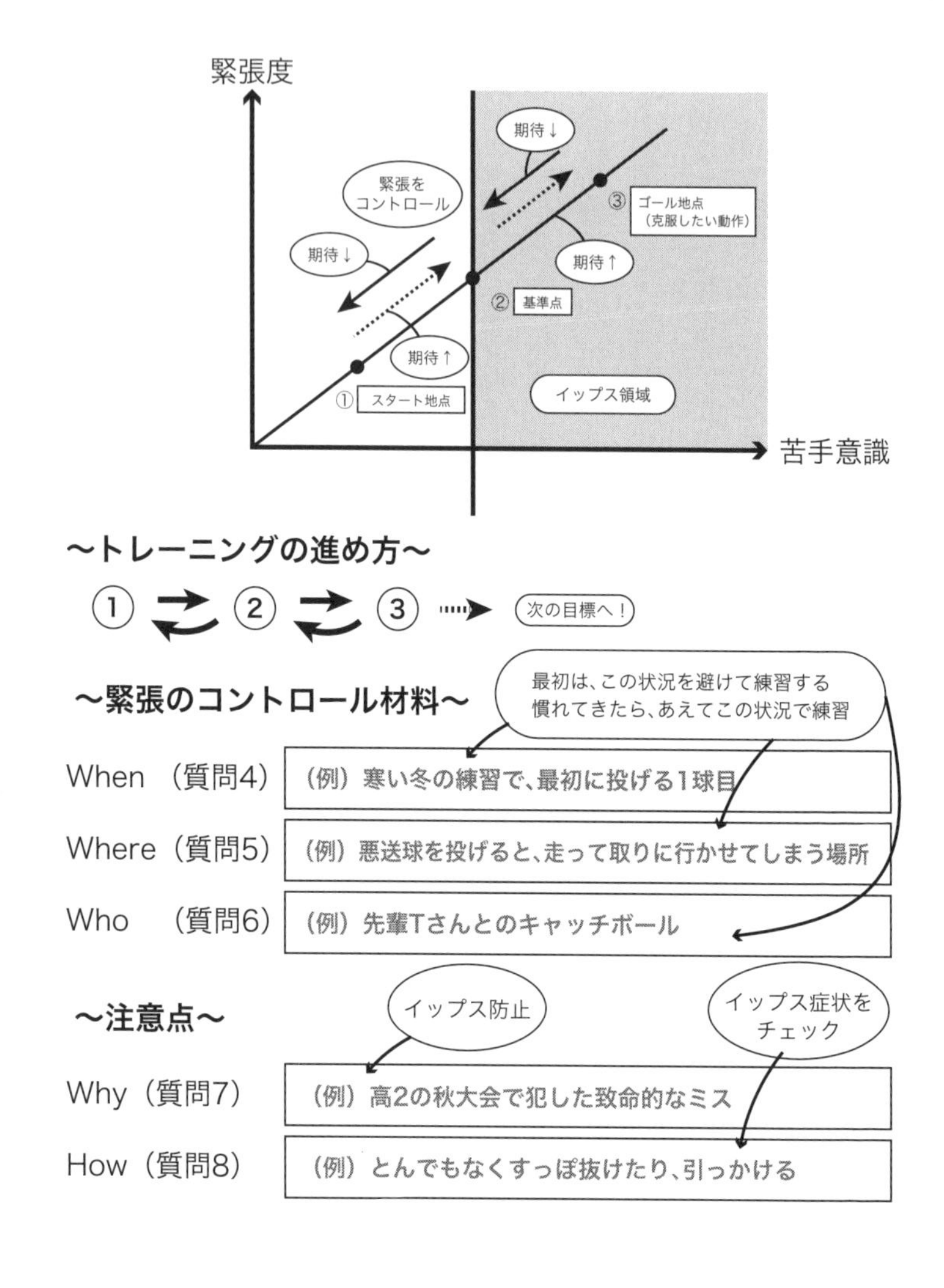
緊張度
苦手意識
期待↓
緊張を
コントロール
③ ゴール地点
（克服したい動作）
期待↓
期待↑
② 基準点
期待↑
① スタート地点
イップス領域
〜トレーニングの進め方〜
① ② ③
次の目標へ！
〜緊張のコントロール材料〜
最初は、この状況を避けて練習する
慣れてきたら、あえてこの状況で練習
When （質問4）
（例）寒い冬の練習で、最初に投げる1球目
Where（質問5）
（例）悪送球を投げると、走って取りに行かせてしまう場所
Who （質問6）
（例）先輩Tさんとのキャッチボール
〜注意点〜
イップス防止
イップス症状を
チェック
Why（質問7）
（例）高2の秋大会で犯した致命的なミス
How（質問8）
（例）とんでもなくすっぽ抜けたり、引っかける

解説　**メニュー作成シート**

### 克服期間と練習頻度（質問1＋質問2）

→ （例）6〜12ヶ月（週3回）

イップスレベル4→4点
イップス経過時間6ヶ月→3点
4点＋3点＝7点（困難）

### ①スタート地点（質問10の回答）

最初に始める練習メニュー！

→ （例）ネットスロー or 壁当て

### ②基準点（質問9の回答）

仲の良い友達 ○
それ以外 ×

→ （例）仲の良い友達とのキャッチボールはできるが、相手が変わるとダメ

仲の良い友達とそれ以外が基準点

### ③ゴール地点（質問3の回答）

一旦、目指すべき目標

→ （例）どんな相手とのキャッチボールでも違和感なく投げたい

### ②基準点（質問9の回答）

スタート地点の練習に慣れてきて、「次の段階に行けるんじゃないか？」と期待を持てるようになったら、基準点の練習メニューを実践していきます。

解説の例では「仲の良い友達とのキャッチボールなら大丈夫だが、相手が変わるとダメ」と記入されているので、この場合、仲の良い友達とのキャッチボールが次の練習メニューになります。

いざ実践してみて、それもクリアできたら、イップス領域に足を踏み入れていきましょう。今回の例では、キャッチボールの相手を変えることで緊張度を上げることができます。焦る必要はないので、着実に進めていってください。

### ③ゴール地点（質問3の回答）

基準点の練習も順調にクリアしたら、ゴール地点となる練習に取り組みましょう。解説の例では、「どんな相手とのキャッチボールでも違和感なく投げたい」と書かれているので、相手を変えて様々な人とキャッチボールをしてみることが具体的な練習メニューになります。

これもクリアしたら一旦、目標達成です。さらなる高い目標がある選手は、次のステージへ進みましょう。

仮に、上手くいかず「やっぱり、まだダメだったか…」と期待が持てなくなったら、基準点やスタート地点に戻って、立て直していきましょう。そして、再び「次こそいけるはず！」と期待を持てるようになったら、再チャレンジしましょう。それを繰り返していくことで、克服に近づくことができます。

焦ってゴール付近の練習に挑んで失敗し、落胆してあきらめてしまう選手も残念ながら存在します。そうなってほしくないので、無理せず着実に進めていきましょう。

## トレーニングの進め方

基本的には①→②→③の順番で練習に取り組んでいきますが、ここでカギになるのが緊張度のコントロールです。その材料となるのが、以下3つの質問です。

**When：時間、時期、場面（質問4）**
**Where：場所、環境（質問5）**
**Who：人、観衆（質問6）**

人それぞれ、緊張度が変化する状況は変わります。そこで、この質問内容を参考に、緊張度のコントロールができます。

解説シートの例では、Whereの回答で「悪送球を投げると、走って取りに行かせてしまう場所」とありました。この条件に当てはまった場所で練習をすると、緊張度が高くなるということです。

緊張度を下げたいときは、相手に迷惑のかからない向きで練習します。逆に、緊張度を上げたいときは、走って取りに行かせる向きでキャッチボールを行うことで、緊張度をコントロールできます。

これらを参考に、緊張度をコントロールしながら、ゴール地点まで練習を実践していきましょう。

## 注意点

最後に、イップスの悪化を予防し、イップス症状が現れたら瞬時に修正できるように、注意するべきポイントを事前に用意するための２つの質問があります。

**Why：原因、理由（質問7）**
**How：状態（質問8）**

「Why：原因、理由」の質問では、イップスになった原因やきっかけについて回答します。これはイップスの悪化防止のために用意しています。また同じルートをたどってイップスにならないように、見えるところに言語化して対策しておきましょう。

解説の例では、「高２の秋大会で犯した致命的なミス」と書かれています。致命的なミス自体は結果なので、競技を続けている限り、確実になくすことはできません。しかし、致命的なミスをした後で、どのように切り替えていくかの対策を練ることはできます。

仮に、過剰に落ち込みすぎる性格であれば、「ミスした後に落ち込むことがダメ」という約束を作り、ミスしたときに思い出すことで、悪化を防げます。小さな違いですが大事なことです。

「How：状態」の質問では、どのようにイップス症状が現れるかについて回答します。これは、瞬時に修正するために用意しています。

解説の例では、「とんでもなくすっぽ抜けたり、引っかける」と書かれています。もしこの症状が出たときは、「今、感覚が悪かったな…。次はフォームのこの部分を修正してみよう」とすぐに対策ができます。

イップス症状が現れたことに気づかず、ムキになって無理な練習を続けてしまえば、悪化させかねません。それを防ぐために、あらかじめ症状の詳細情報を言語化しておきましょう。

「メニュー作成シート」活用方法の解説は以上です。克服までの道筋が明確になってきたと思います。

次章では、作成したシートを実際にどのように使っていくのかを解説していきます。

## 第５章のまとめ

①とにかく量をこなす練習と、いきなり緊張度の高い練習はＮＧ。
②緊張する場面は人によって違うので、まずはそれを知ることから始める。
③「イップス詳細分析ワーク」で、イップス症状を細かく理解する。
④「メニュー作成シート」に記入して、克服トレーニングの準備をする。
⑤「メニュー作成シート〈解説編〉」を読んで、トレーニングをどのように進めていくのか、イメージする。

column 5

# どうしてもイップスを克服できない選手の特徴

イップスを克服した選手もいれば、残念ながらあきらめてしまった選手もいます。客観的に見て、両者に才能や思考力などに差はありませんでした。では、何が違ったのでしょうか？　あきらめてしまった選手の特徴を挙げていきたいと思います。

1つ目の特徴は「過去の成功に囚われている」ことです。これは私もそうだったのですが、過去の成功体験によって、考え方や取り組み方をなかなか変えることができない状態です。

私は高校時代、量をこなせば結果がついてくると思っていました。もちろんそんな単純なことではないことはわかっていますが、基本的に量が重要だという考え方です。

その理由は、中学時代に量をこなして全国優勝したという成功体験があったからです。イップスになってからも、練習すれば何とかなると思い込んでいて、相談することもしませんでした。そして、克服できずに最悪な結果で高校野球は終わりました。早めに気づいて改善することができていれば、結果は違ったかもしれません。

このように、過去の成功に囚われている選手は、克服することができません。傾向として、過去に大きな実績を残した選手に多い特徴です。

2つ目の特徴は「調子が崩れたときに、これまで積み上げたものを崩してしまう」ことです。イップスを克服していく過程で、必ず調子が落ちる瞬間があります。再発することはよくあることです。

例えば、ネットスローを必死に取り組んで手応えをつかんできた状態で、試しにキャッチボールをやってみたとします。そこで、ネットスローでやってきたことが全然発揮できず、全く手応えをつかめずに終わったとします。

私としては、よくあることなので想定内です。むしろキャッチボールで得た気づきや感覚の違いを、これからどのように活かしていくか考えていけばいいと思っています。しかし、「全然ダメでした…」と一気にネガティブに傾いてしまう選手がいます。

もちろん私自身も経験があるので、気持ちはよくわかります。しかし、目先の結果に一喜一憂していたら、イップスを克服することもできませんし、長く結果を残すことは到底できません。

これらは、自分一人で気づくことは難しいものです。だからこそ、周りのサポートを受けながら、「一人で頑張らない」ことを意識してほしいと思います。

第6章

# イップス克服トレーニング③

# 実践編

# 結局、的確なトレーニングが克服の最短ルート

いよいよトレーニングを実践してイップスを克服します。ただその前に、本当にトレーニングで克服できるのか？　と思う方も少なからずいると思います。そんな方のために、トレーニングが克服に最も近道だと考える理由をあらためて解説します。

世間には、イップス克服方法に関する情報が多数存在しています。ネットで「イップス 治し方」、「イップス 治療」と検索すると、ちょっとしたテクニックや催眠療法、心理療法などたくさん出てきます。もちろん一定の効果は見込めると思います。ただ、実際のところ、トレーニングせずに克服するのは厳しいと考えています。

その理由を説明するためにもう一度おさらいしますが、イップスは間違った運動学習によって作られていきます。トラウマを抱えた状態で動作を繰り返すことで、悪いクセを学習している状態です。そのため、それをもう一度、正しいトレーニングの手順で進めていくことで上書きしていく必要があるのですが、今まで思い通りにできていた動作ができなくなるため、精神的にかなりキツイのです。

そんなときに、特殊に見える方法で簡単にイップスを改善できると言われたら相談したくもなるでしょう。もちろん、世間に広まっている様々なイップス克服方法を否定するつもりは一切ありません。ただ私の考えとして、イップスは間違った運動学習によるものなので、メンタル面のケアと同時にトレーニングを欠かさず行う必要があります。

新たな動作を習得するとき、必ずトレーニングをしていたはずです。自転車に乗れない状態から乗れるようになることと、イップスで思い通りにできない状態から、自然にできるようになることは、基本的に同じプロセスを通ります。

自転車に乗るために、念じたり、見ただけでできるようにはなっていないはずです。最初は補助輪をつけて運転できるイメージをつけ、できるようになるにつれて補助輪を外してトレーニングを積み重ねて、自転車に乗れるようになったと思います。運動学習をする対象が、自転車からイップス動作に変わっただけです。

ただ、一度クセがついた状態から動作を習得することのほうが難易度は高いので、自転車のようにすぐに上手くいくわけではない点については、あらかじめ理解しておきましょう。

今までは、イップスに関する憶測によって、イップス克服に関する正しいトレーニング方法が体系化されていませんでした。そこで、ここからはいよいよ体系化したトレーニングを紹介していきます。

この章を読み込んで、克服に必要なトレーニングを自分自身で納得して取り組める状態を目指しましょう。では実際、どんな練習が最適かというと、ポイントは「緊張度」でした。

# NG練習がダメな理由

これからトレーニングを実践していくために、第5章で説明した2つのNG練習について、再確認します。これは非常に大事なことだからです。

**NG練習①「とにかく量をこなす」**

**NG練習②「いきなり緊張度MAXに挑み続ける」**

正しい練習を行うための重要なポイントは「緊張度をコントロール」して練習することです。「緊張度って何だっけ？」という方のために、具体例で説明していきます。

あなたが平均台の上を渡るとします。高さ30センチ程度の高さです。たとえ落ちてしまったとしても、ケガをするリスクはほとんどありません。この状況で平均台を渡るとなれば、緊張せずに渡れると思います。

一方、平均台の高さが5メートルになった場合はどうでしょうか？　落ちたら確実に大ケガです。必ず渡りきらなければなりません。こんな状況のとき、先ほどと同じように渡れるでしょうか？　難しいですよね。緊張はピークに達し、体がプルプル震えると思います。

全く同じ動作にも関わらず、環境によってパフォーマンスが変わります。これが「緊張度」の違いによるものでした。

この場合の「平均台の渡り方」ですが、正しい動作を習得するためには、30センチの高さと5メートルの高さ、どちらの状況でトレーニングを重ねたほうが良いでしょうか？　失敗してもリスクのない30センチの高さですよね。5メートルの高さでは練習どころではありません。とにかく渡り切ることに必死になるだけだと思います。

いきなり緊張度MAXでの練習は、上手くいくことを願うだけで、全く意味がないことがイメージできると思います。

では、どのように練習すればいいのでしょうか？　それが緊張度を下げた状態から少しずつ乗り越えていく「スモールステップ」という練習方法です。第5章の「メニュー作成シート」と合わせて、具体的な実践方法を解説していきます。

## 「スモールステップ」を実践するための5つのルール

では、どのように「スモールステップ」を実践していくのかを説明します。第5章で記入した「メニュー作成シート」を用意してください。このシートがスモールステップの全体像を構成しています。

まずは、「スモールステップ」のルールについて解説していきます。

### ◎ルール①
### 「スタート地点→基準点→ゴール地点を順番にクリアしていく」

必ずこの順番を守ってください。いきなり緊張度の高い練習をしても、自信を失うか、「ミスしなくてよかった…」と一時の安心を得るだけで、意味がありません。自分の動作を確認しながら、少しずつ成功体験を重ねて自信をつけていきましょう。

しかし、「チームの練習は抜けられない」という状況もありえると思います。そんなときに、上手く乗り切るための方法を紹介しておきます。

**チーム練習を乗り切る4つの選択肢**

**①どうにかして、一旦やらない方法を考える（戦略的撤退）**
**②その動作は、苦手と受け入れてごまかす（最低限でOKとする）**
**③全て失敗する前提で、思い切って取り組む（失敗リスクの覚悟）**
**④周りに打ち明けて理解してもらう（味方を増やす環境作り）**

これら4つの選択肢を参考にして、少しでもイップス動作を悪化させないように取り組みましょう。

## ◎ルール②「期待が持てるようになったら、次のステップに挑戦するサイン」

次のステップに進むポイントは、「期待」です。わかりやすく説明するために、第5章の「メニュー作成シート〈解説編〉」を例にします。

①スタート地点「ネットスロー」です。しばらく練習に取り組んでいくと、徐々に手応えをつかんでいくと思います。「キャッチボールで試したいな…」こんな感情が湧いてきたら、次のステップに進むサインです。

次の段階へ進みます。②基準点「仲の良い友達とのキャッチボール」です。ここでも上手くいって期待を持てたら、さらに次の段階へ進みます。

③ゴール地点「どんな相手とのキャッチボールでも投げられる」という状態です。ここをク

リアできたら、一旦目標達成ということになります。

注意点として、次の段階に進んでも、これまでの練習は必ず続けておきましょう。フォームの確認にもなりますし、次の段階に進んだからこそ、スタート地点でやるべき練習が明確になります。一流のプロ野球選手が、素振りやティーバッティングを欠かさないのと同じです。

次の段階に進んでも、動作の上書きが完了されたわけではありません。地道に積み上げていきましょう。

## ◎ルール③「期待が持てなくなったら、一旦戻る」

戻るパターンについて説明します。ここでもポイントは「期待」です。ルール②と同じ例で説明していきます。

②基準点「仲の良い友達とのキャッチボール」に取り組んでみて、「あれ？　ちょっと感覚がおかしいな…」と感じ、今の段階に期待できなくなったら、一旦戻りましょう。

具体的には、キャッチボールを止めて、①スタート地点「ネットスロー」中心の練習に戻るということです。違和感がある状態で無理やり練習を続けても、余計に悪化させるだけです。ムキにならずにすぐに戻りましょう。

過去に私がサポートしてイップスを克服した選手も、上手くいかなくなったときに一旦戻って立て直すことで、着実に手応えをつかんで克服することができました。上手くいかなくなることは必ずありますし、全く悪いことではないので、躊躇せずに戻りましょう。

## ◎ルール④「緊張度をコントロールしながら、練習に取り組む」

ステップ①→②→③の順番でトレーニングを進めていくにあたって意識するべきなのは、緊張度のコントロールです。そのために活用するのが、「メニュー作成シート」の緊張のコントロール材料です。

When：時間、時期、場面（質問4）、Where：場所、環境（質問5）、Who：人、観衆（質問6）、これら3つの回答内容を参考にします。回答内容と近い状況で練習すると、緊張度が高まります。これを活用して緊張度をコントロールしましょう。

## ◎ルール⑤
## 「ゴール地点をクリアしたら、目標を再設定する」

最初に設定したゴール地点をクリアしたら、目標の再設定を行います。選択肢は2つです。詳しく説明していきます。

### 設定したゴール地点に到達した後の選択肢

**①さらに高い目標を設定する。**
**②別のイップス症状を克服する。**

第5章の「メニュー作成シート〈解説編〉」を例に説明します。ゴール地点は「どんな相手とのキャッチボールでも違和感なく投げたい」でした。これをクリアした後、2つの選択肢のどちらかを、自分の状況に合わせて選びます。

「①さらに高い目標を設定する」という場合、例えば、「試合になっても、自然に投げられるようになる」「試合の重要な局面でも、違和感なく投げられるようになる」などが候補として考えられます。

次の目標を決めた後、第4章「イップスレベル診断シート」から、イップスレベル把握→メニュー作成→トレーニング実践の流れを進んでいきます。

「②別のイップス症状を克服する」という場合、例えば、「バッティングピッチャーができるようになる」「10〜15メートルなどの近い距離を改善する」などが候補として考えられます。

次に克服したい動作を決めた後、同じように第4章「イップスレベル診断シート」から、イップスレベル把握→メニュー作成→トレーニング実践の流れを進んでいきます。

以上の流れに従って、次の目標にチャレンジしていきましょう。次は各競技に合わせて、「スモールステップ」を具体的に解説していきます。

# 競技別トレーニング方法の具体例

　ここでは野球、ゴルフ、テニスの３つの競技を例に紹介していきます。

　先に伝えておきますが、スモールステップはどの競技にも応用することができるので、もし自分の競技が含まれていない場合は、３つの競技例を参考にトレーニングメニューを作成して実践すればＯＫです。

　イップス克服トレーニングを実践するにあたって、事前に準備することがありました。「イップス克服の３要素」のうち、①イップスレベル把握、②メニュー作成、の2点を完了させていることが必須条件でした。

　どうやって完了させるのかというと、第4章で取り組む「イップスレベル診断シート」を行うこと。そして第5章で取り組む「メニュー作成シート」に記入することです。つまり、トレーニングを開始するには「メニュー作成シート」が必要になります。まだ記入していないという方は、先に記入しておいてください。

それでは各競技の実践方法にいきましょう。

## ◎野球における「スモールステップ」の実践方法

**「メニュー作成シート」野球の例（図6―1）を参照ください。**

実際に相談に乗った選手を例に、解説していきます。

イップスレベル5、イップス経過期間が2年であるため、克服期間と練習頻度の目安は1～2年（週3回の練習）ということがわかります。重度のイップスですね。これくらいの期間がかかる前提を持っておきましょう。

次に練習の順番を確認します。「メニュー作成シート」の内容をもとにすると、下記のように整理できました。

**①スタート地点：5メートルの壁当て**
**②基準点：10メートルの壁当て**

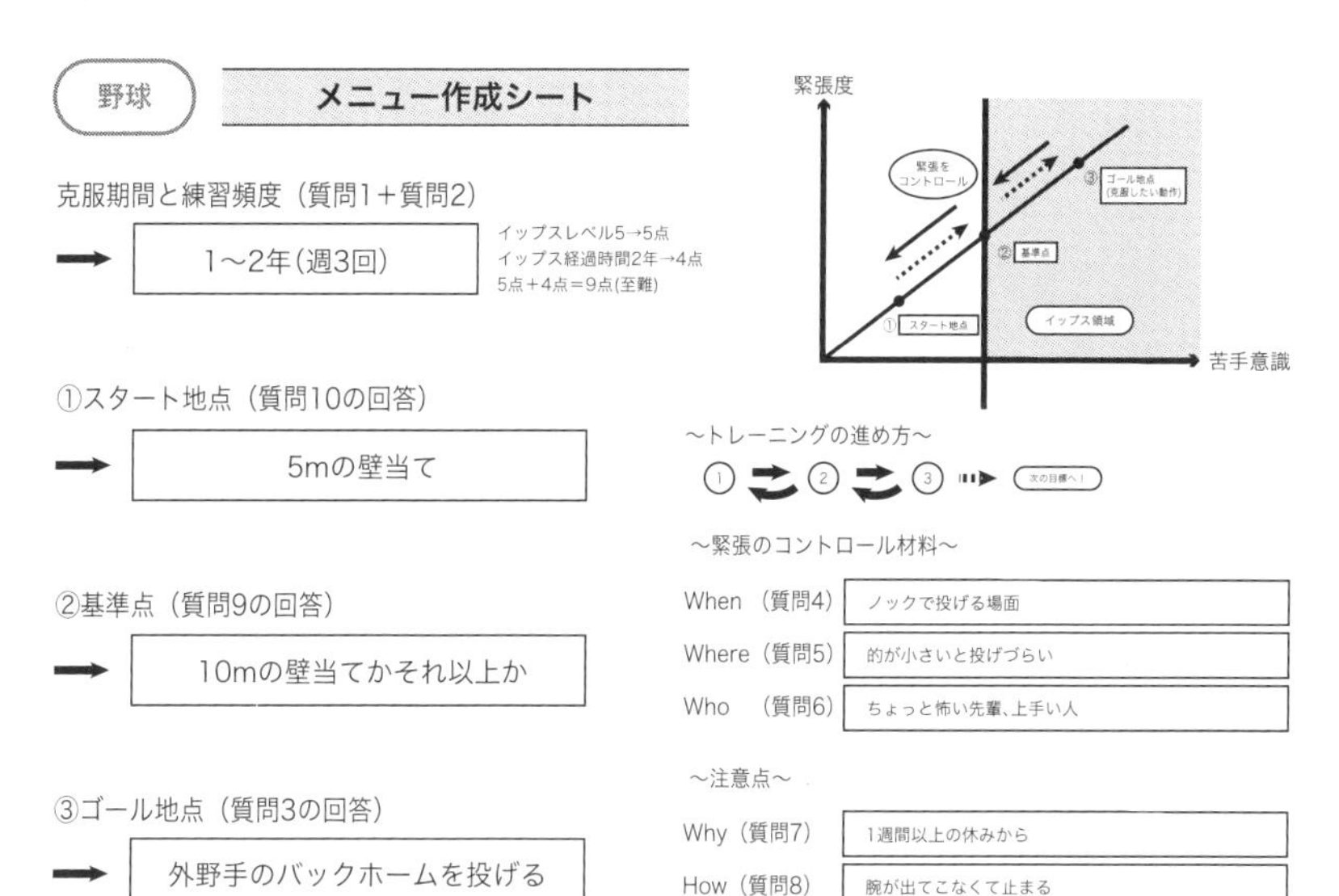


## ③ゴール地点：外野のバックホーム

　これを、①→②→③の順番で練習していきます。

　最初は5メートルの壁当てからです。慌てずに取り組んでいきましょう。この段階で気をつけるポイントは、とにかく気楽な状況を作ることです。具体的には「どんな送球を投げても平気な壁」「球数をある程度投げることができる」という2点を意識して、環境設定をしてみてください。

　この環境で練習を進めていきながら慣れてきたら、距離を伸ばしていきましょう。基準点の10メートルくらいまでなら、比較的時間はかからないと思います。スタート地点と基準点の位置、5〜10メートルの距離を中心に練習していきます。
そして、だんだん手応えをつかんできたら、緊張度を高めていきましょう。緊張のコントロール材料に記入されている要素を活用します。

**When：ノックで投げる場面**
**Where：的が小さいと投げづらい**
**Who：ちょっと怖い先輩、上手い人**

記入されている内容はこちらです。今回の場合、基準点が壁当てなので、実践練習や人が関わる緊張は活用できません。距離を伸ばすことで緊張度が高まるので、距離を伸ばしていくことはもちろんですが、緊張度のコントロールで活用できそうなのはWhereの的の大きさですね。

小さい壁に変更して投げたり、目印をつけてそこに狙う意識で投げたりすることで、緊張を高めることができます。

このあたりを実践し始めると、重度のイップスであれば、調子が悪くなるタイミングがくるでしょう。そのときは、迷わずスタート地点、基準点に戻りましょう。5〜10メートルの壁当てからやり直しです。慌てずに取り組んでいくことで、また調子が上がっていきます。

だんだん壁当てに慣れてきたら、キャッチボールを実践します。ここでも緊張度を意識して練習します。緊張度を上げて練習したい場合は、Whoのちょっと怖い先輩、上手い人と行います。緊張度を下げたいときは、仲の良い友達中心に行いましょう。自分の調子に応じて緊張度の調整を行いながら、少しずつ距離を伸ばしていきます。

ゴール地点の「外野のバックホーム」に対する期待が持てるようになったら、ぜひチャレンジしてみてください。この段階をクリアできたら目標達成です。

スモールステップ法を実践するにあたって、2つの注意点を意識しておきましょう。

**Why：1週間以上の休み**
**How：腕が出てこなくて止まる**

Whyはイップスの原因となるものなので、1週間以上休みを取った後は、念のためスタート地点から取り組んでいきましょう。いきなり緊張度を上げてしまうと、悪化させる恐れがあります。注意しておきましょう。

How は、イップスの症状を確認するチェックポイントになります。少しでも「腕が出てこないな…」と感じたら、この場合も念のためスタート地点に戻って、フォームの確認を行いましょう。かつての悪いクセは、一度定着したこともあって、再発も早いです。気をつけておきましょう。

これらを意識してゴール地点の目標を達成した後は、次の目標設定を行い、さらに高みを目指していきます。

## ◎ゴルフにおける「スモールステップ」の実践方法

**「メニュー作成シート」ゴルフの例（図6―2）を参照ください。**

ゴルフでも、実際に相談に乗った事例をもとに解説していきます。

イップスレベル4、イップス経過期間が1年であるため、克服期間と練習頻度の目安は6〜12ヶ月（週3回の練習）ということがわかります。深刻なイップスです。

図6-2

ゴルフ　**メニュー作成シート**

克服期間と練習頻度（質問1＋質問2）

➡ 6～12ヶ月（週3回）

イップスレベル4→4点
イップス経過時間1年→4点
4点＋4点＝8点(困難)

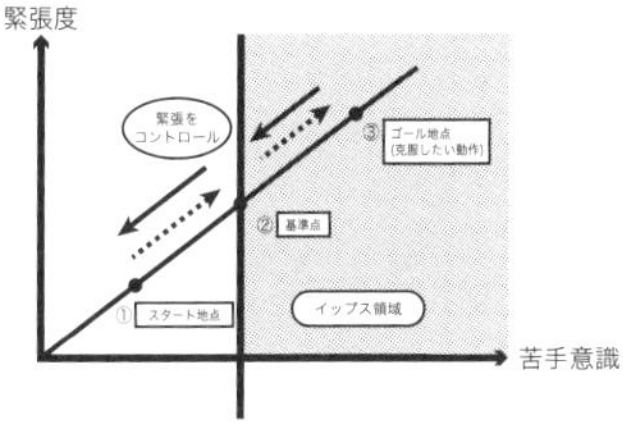

①スタート地点（質問10の回答）

➡ 1人で行う打ちっぱなし

②基準点（質問9の回答）

➡ 3割の力で打つか、それ以上か

③ゴール地点（質問3の回答）

➡ ラウンドで自然にドライバーを打つ

緊張度
緊張をコントロール
③ ゴール地点(克服したい動作)
② 基準点
① スタート地点
イップス領域
苦手意識

～トレーニングの進め方～

① ⇄ ② ⇄ ③ ➡ 次の目標へ！

～緊張のコントロール材料～

| | |
|---|---|
| When（質問4） | チョロの後、1ホール目 |
| Where（質問5） | ラウンド、池があるとき |
| Who（質問6） | 上司、多くの人が見ているとき |

～注意点～

| | |
|---|---|
| Why（質問7） | 周りに迷惑をかけたくない気持ち |
| How（質問8） | 打つときに一瞬、変な動きが入る |

次に練習の順番を確認します。「メニュー作成シート」の内容をもとにすると、下記のように整理できました。

**①スタート地点：1人で行う打ちっぱなし**
**②基準点：3割の力で打つ**
**③ゴール地点：ラウンドで自然にドライバーを打つ**

①→②→③の順番で練習していきます。

最初は1人で行う打ちっぱなしからです。この段階で気をつけるポイントは、思い通り動かせているかに注意することです。

基準点を見ると、3割の力以上で打つと

イップス症状が現れるということなので、悪いクセが定着しきっている可能性が高いです。だからこそ新しいフォームの上書きは慎重に行いましょう。力加減を無視すると、すぐに再発する可能性があります。

慣れてきたら、基準点である3割くらいの力で打っていきます。スタート地点と基準点の位置、1~3割の力で練習します。手応えをつかんできたら、徐々に力を入れていきましょう。7割くらいまで打てるようになったら、次の段階に進みます。さらに手応えをつかんだら、いよいよ緊張度を高めていきます。緊張のコントロール材料に記入されている要素を活用します。

**When：チョロの後や1ホール目**
**Where：ラウンド、池があるとき**
**Who：上司、多くの人が見ているとき**

記入されている内容はこちらです。今回の場合、ほぼラウンドで起こる要素なので、まずはラウンドのメンバーを仲の良い友人などと調整することで、気楽なところから始めていきましょう。

チョロの後や1ホール目は、パフォーマンスが下がること前提で考えて、最初は「上手くいったらラッキー」くらいに思って取り組んでいくといいですね。しばらく気楽な状況でのラウンドを続けていきます。

ラウンドに取り組んでいて、スコアが一向に上がらない、むしろ悪くなっているなど、調子が悪くなるタイミングがくるでしょう。そのときは、迷わずスタート地点、基準点に戻ります。1～3割の1人打ちっぱなしから、一旦やり直しです。ゆっくり取り組んでいくことで、感覚をつかみ直せると思います。またラウンドに行きたいという期待が持てるようになったら、ラウンドに挑戦しましょう。

ゴール地点である、ラウンドで自然にドライバーが打てるようになったら、目標達成です。スモールステップを実践するにあたって、2つの注意点をおさえておきましょう。

**Why：周りに迷惑をかけたくない気持ち**
**How：打つときに一瞬、変な動きが入る**

Whyはイップスの原因となるものなので、いきなり上司とラウンドへ行くと緊張度が高まり、悪化させる恐れがあります。その場合は、全力で断ることをオススメします。戦略的撤退です。もし断れなかった場合は迷惑をかけても気にしないということを覚えておきましょう。

Howは、イップスの症状を確認するチェックポイントになります。打つときに一瞬、変な動きが入ると感じたら、念のためスタート地点に戻ってフォームの確認を行いましょう。かつての悪いクセは、一度定着したこともあって再発も早いです。気をつけておきましょう。

これらを意識してゴール地点の目標を達成した後は、次の目標設定を行い、さらに高みを目指していきます。

## ◎テニスにおける「スモールステップ」の実践方法

**「メニュー作成シート」テニスの例（図6―3）を参照ください。**

テニスでも実際の相談をもとに解説します。

イップスレベル4、イップス経過期間が2ヶ月であるため、克服期間と練習頻度の目安は3

図6-3

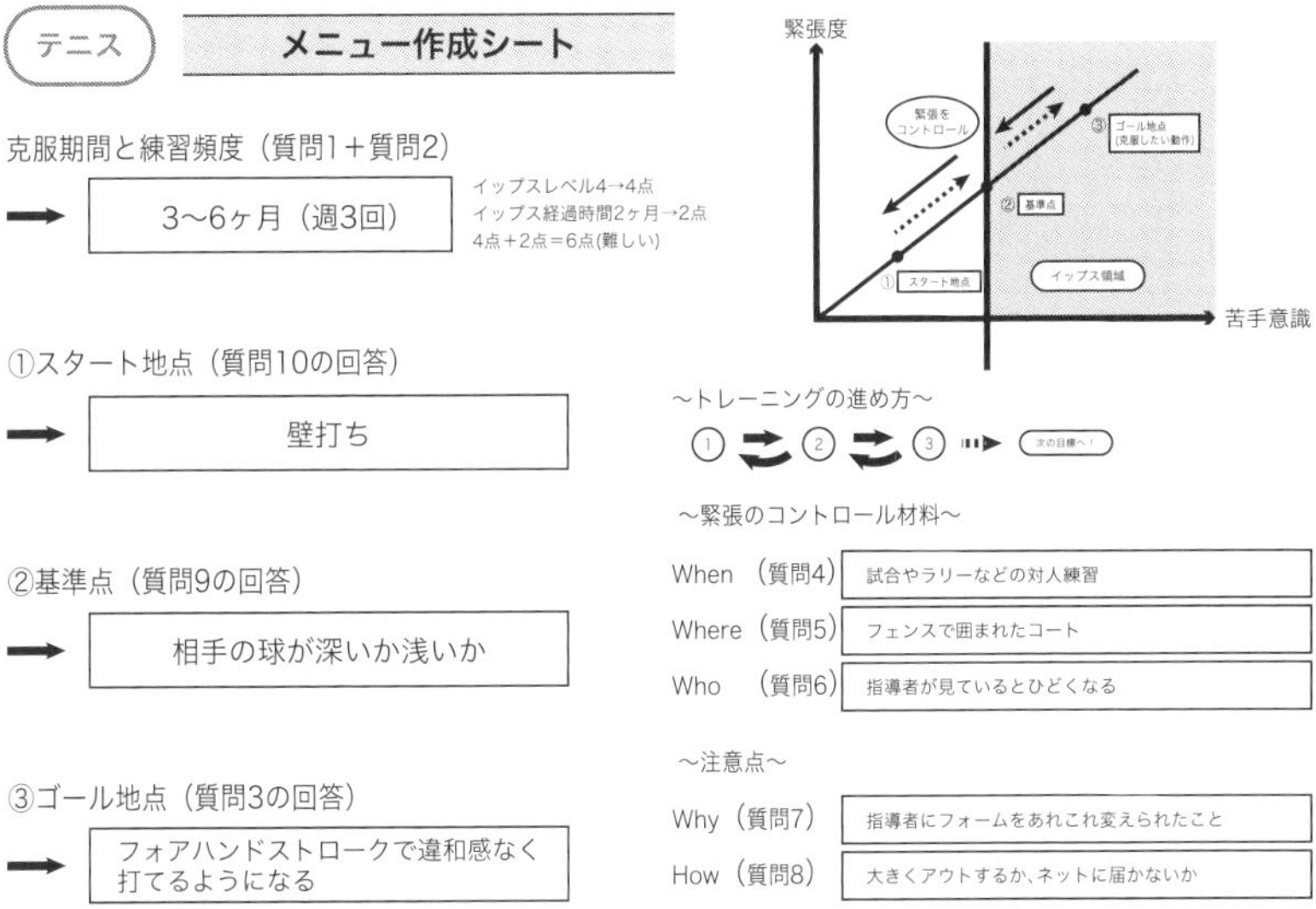

テニス　**メニュー作成シート**

克服期間と練習頻度（質問1＋質問2）

→ 3〜6ヶ月（週3回）

イップスレベル4→4点
イップス経過時間2ヶ月→2点
4点＋2点＝6点(難しい)

①スタート地点（質問10の回答）

→ 壁打ち

②基準点（質問9の回答）

→ 相手の球が深いか浅いか

③ゴール地点（質問3の回答）

→ フォアハンドストロークで違和感なく打てるようになる

緊張度
緊張をコントロール
③ ゴール地点(克服したい動作)
② 基準点
① スタート地点
イップス領域
苦手意識

〜トレーニングの進め方〜

① ⇄ ② ⇄ ③ → 次の目標へ！

〜緊張のコントロール材料〜

| | |
|---|---|
| When（質問4） | 試合やラリーなどの対人練習 |
| Where（質問5） | フェンスで囲まれたコート |
| Who（質問6） | 指導者が見ているとひどくなる |

〜注意点〜

| | |
|---|---|
| Why（質問7） | 指導者にフォームをあれこれ変えられたこと |
| How（質問8） | 大きくアウトするか、ネットに届かないか |

〜6ヶ月（週3回の練習）ということがわかります。重度イップスになりかけです。

次に練習の順番を確認します。「メニュー作成シート」の内容をもとにすると、下記のように整理できました。

**①スタート地点：壁打ち**
**②基準点：相手の球が、深いか浅いか**
**③ゴール地点：フォアハンドストロークで、違和感なく打てるようになる**

①→②→③の順番で練習していきます。

最初は、壁打ちからです。この段階で気をつけるポイントは、気楽な状況を作ることです。「どんな打球を打っても平気な壁」

「球数をある程度打つことができる」という2点を意識して、環境設定をしてみてください。

この環境に慣れてきたら、苦手な距離に近づけていきましょう。基準点の深い位置と浅い位置の境界線くらいです。

そして、手応えをつかんできたら、緊張度を高めていきましょう。緊張のコントロール材料に記入されている要素を活用します。

**When：試合やラリーなどの対人練習**
**Where：フェンスで囲まれたコート**
**Who：指導者が見ているとひどくなる**

今回の場合、緊張度のコントロールで活用できそうなのは、When「対人練習」とWho「指導者が見ている状況」ですね。壁打ちでつかんだ感覚を対人練習で実践できるか、試すことができます。最初は気楽にできる相手からがいいですね。そこから徐々に、相手を変えたり、指導者のいる状態でわざと練習して、緊張を高めていきましょう。

このあたりを実践し始めると、調子が悪くなるタイミングが一度は来るので、そのときは迷わずスタート地点、基準点に戻ります。壁打ちから立て直していきます。

ゴール地点の「フォアハンドストロークで違和感なく打てる」感覚をつかんだら、目標達成です。

スモールステップを実践するにあたって、2つの注意点をおさえておきましょう。

## Why：指導者にフォームをあれこれ変えられたこと
## How：大きくアウトするか、ネットに届かないか

Whyはイップスの原因となるものなので、指導者にフォームを指摘されて頭がこんがらがってしまったときは、念のためスタート地点から取り組んでいきましょう。無理なフォームでの練習はイップスを再発させる恐れがあります。注意しておきましょう。

Howは、イップスの症状を確認するチェックポイントになります。大きくアウトしたり、ネットに届かないなど、明らかな違和感を覚えたら、この場合もスタート地点に戻ってフォームの確認を行いましょう。かつての悪いクセは、一度定着したこともあって再発も早いです。気をつけておきましょう。

ゴール地点の目標を達成した後は、次の目標設定を行い、さらに高みを目指していきます。

## 再発しないための「VDCAサイクル＋言語化」

「この練習をやれば、再発することはありませんか？……」。これからトレーニングを実践していく上で、こういった不安な気持ちが出てくるのではないかと思います。

気持ちはよくわかります。私も「これだ！」と思って練習したものの全く結果につながらなかったり、上手くいったかに見えたものの少し経つと再発した経験を何度もしました。「今回もこれまでと同じように、どうせまたダメになるんじゃないの？」と不安に思うのも無理はないです。

そういった方に向けて、イップスを再発させないために必要なことを伝えていきます。そもそも、なぜイップスは再発すると思いますか？　私が考える理由は、至ってシンプルです。それは「良かったときのフォームを覚えていないから」です。

自分のフォームを理解していれば、フォームのズレに気づくことができます。そして次の動作以降で、修正することができるはずです。それにもかかわらず修正できないということは、たまたま成功している状態であり、かなり不安定だと考えられます。

そのため、「良かったときのフォームを、覚えておくこと」が必要なのです。その方法は、自分のフォームを「言語化」することです。「言語化」とは、「何をして上手くいったのかを言葉にする」ことです。あなたは自分のフォームを再現するために、何を意識すればいいのか、言葉で理解できていますか？

イップスで悩んでいる選手にこの質問をぶつけてみると、「えーと、腕を…」と今考えたことを言葉にしようとします。確信を持って話せるように言語化ができていれば、シンプルにパッと話せます。修正するときに毎回使うからです。

私の場合は、野球の送球について尋ねられたら、「理想のトップの位置に持ってきて、リリースポイントを後ろにして投げるだけ」と答えます。この言葉とともに体をどのように動かせばいいのか理解しているので、悪送球を投げたとしても修正することができます。しばらく練習していなくても投げられるという安心感があります。

「言語化が大切なのは何となくわかりましたが、具体的にどうすればいいですか？」という方のために、フォームを言語化するために活用するＶＤＣＡサイクル（第2章78ページ〜でも紹介）について改めて解説します。

ＶＤＣＡサイクルとは、フォームの「言語化」を進めていく考え方の４つの順番のことです。具体的に説明していくと、ＶはVerbalizing（言語化）の頭文字で、意識する言語をまず１つ決めることです。例えば「リリースの位置を後ろ気味にしてみよう」というポイントを１つ決めます。

次に、ＤはDo（動作の実行）の頭文字で、その名の通り、ボールを投げることです。投げるだけで完了です（他の競技の場合は、動作が変わります）。

そして、ＣはCheck（結果の確認）の頭文字で、振り返りを行うということです。投げたボールはどこにいったのか？　意識したポイントは感覚的にどうだったか？　確認する項目は主に、これら2点です。振り返りができたら完了です。

最後に、Ａですが、Action（改善策の検討）の頭文字で、振り返りを参考に、次にどう活かしていくかを決めます。例えば、投げた感覚が良かった場合は、「次も同じ意識で投げてみよう」などが考えられると思います。一方で良くなかった場合、「次は、元に戻してみよう」

といったように、新たな「言語化」のプランを立てていきます。それができれば完了です。

そして、次の球を投げるときに再びVから始めていき、それを繰り返すことによって、最適な「言語化」を見つけていくというのがVDCAサイクルの考え方になります。

いきなり頭の中だけで、VDCAサイクルを回すのは難しいです。そのため、実際にどのようにやっているのか、具体例をもとに再現します。私が指導する際は、VDCAサイクルを自力で回せるようになるために質問を繰り返していきます。

**谷口**「次、どんな意識で投げようか？（V）」
**選手**「えーと、テイクバックを小さめにして投げてみます（V）」
**谷口**「OK！　じゃあそれでいってみよう！」
**選手**「（投球動作に入って…）ビュッ!!　バシーン！（D）」
**谷口**「投げてみて感覚どうだった？（C）」
**選手**「感覚は悪くなかったですけど、もうちょっと大きめでもいいかもしれないです（A）」
**谷口**「OK、そしたら次の意識はどうしようか？（次のV）」
**選手**「さっきより、少しテイクバックを大きめにして投げてみます」

以下、ＶＤＣＡの繰り返し…

基本的には、このような流れで練習を進めていきます。最初はつぶやきながらでもいいので実践すると、ＶＤＣＡサイクルが回転してフォームの「言語化」が進みます。

ただ、ＶＤＣＡサイクルを回転させる上で注意点があります。よくある２つの失敗パターンについて覚えておきましょう。

失敗パターン１は「Ｖスルー」です。その名の通り、Ｖの「言語化」を無視してしまっている状態です。意識するポイントを決めずに、早いペースでとにかく投げ続けている選手がたまにいます。これをやってしまうと、せっかく良い球が投げられたり打てたりしても、どんな意識で行ったのかがわからず再現性はありません。緊張する場面になると緊張度の変化によってフォームが変わってしまうため、結局、意味のない練習になってしまいます。

そのため、Ｖの意識ポイントを「言語化」する時間は必ず取りましょう。「次は何を意識するのか？」この質問に対して明確にしてから、動作に移るだけでＯＫです。

失敗パターン２は、「フェイクＣ」です。これもその名の通りで、確認したフリで終わってしまっている状態です。「感覚が良かった、悪かった」だけで、終わってしまっている選手がかなり多いのです。

それを防ぐためには、意識した言語化が実際にどうだったのか、ＶとＣをつなげることを欠かさず行ってください。例えば、「リリースポイントを後ろにして投げたら、感覚が良かったので続けてみよう」といった感じです「何を意識した結果、どうだったのか？」について、必ず振り返りをしておきましょう。

## まず目指すべきゴールと、理想のゴール

「言語化」のゴールはどこかというと、まずは「こうすれば大丈夫」という状態を目指してください。特定の何かを意識すれば、最悪な状況はまず起こらないという安心感を得るだけで、プレーに余裕を持つことができます。まずはマイナスを消していく作戦です。最初は、ごまかすことはＯＫとしてください。

「絶対に失敗したくない！」と本心では思っているのに、それと同時に「しっかりした球を投げるべき」と考えてしまうと、失敗する可能性が高まることをやろうとしているにもかかわらず、本心は失敗したくないという矛盾を頭の中で抱えることになり、良い結果は期待できません。

今後、技術練習を積むことで技術レベルを高めることはできるので、一旦、最低限の目的が果たせればＯＫという価値観を持つと、余裕が生まれると思います。「ごまかすことに罪悪感を持たない」という考え方で、練習に取り組んでください。

もちろん、ごまかせるようになれば終わりというわけではありません。いずれはごまかさずに「会場を沸かせたい」といった何らかの野望がある選手は、「ボールを投げつけてやる！」「見せつけてやる！」と思えるような理想の状態を目指しましょう。超ポジティブに感じられますが、「言語化」の精度が高まれば、ここまでできるようになります。スモールステップを活用して、目標を更新し続けていきましょう。

# よくあるイップスの質問と回答

最後に、イップスに関する、よくある質問と回答を紹介します。参考にしてみてください。

**質問①　何でキャッチボールになると投げられなくなるのか、わかりません。**

**回答**　キャッチボールになると、緊張度が高まる可能性があります。緊張度によって発揮できるパフォーマンスレベルは変化するので、それによって投げられなくなってしまうのだと考えられます。

詳しくは第2章を読んで、メカニズムの理解を深めましょう。

**質問②　良くなったと思っても、元に戻ってしまいます。**

**回答**　「何をして上手くいったのか?」、良い結果が出たときのフォームを明確に覚えられていないので、「言語化」を意識して練習に取り組んでいきましょう。

言語化については本章（第6章）で詳しく説明しているので、参考にしてください。

**質問③　意識しても、どうしてもフォームが変わらない。**

**回答**　おそらく取り組んでいる練習が、スモールステップになっていない可能性があります。まずは、自分の思い通りに動かせる低負荷な練習から取り組んでいきましょう。実際に指導して克服したケースでは、スローモーションのようにゆっくり動かすところからフォームを作っていった選手もいます。

第5章の「メニュー作成シート」を活用して、スタート地点で行うべき練習について再確認しましょう。

**質問④　遠い距離は大丈夫ですが、近い距離がダメです。**

**回答**　近い距離に苦手意識やトラウマを抱えていると、近い距離に限ってフォームが変わっていきます。近い距離で違和感が起こる症状を克服するために、スモールステップで練習していきましょう。

余談ですが、近い距離のほうがコントロールの調整と力の調整を行うのでそもそも難しいということも頭に入れておきましょう。

**質問⑤　変な動作がクセになってしまって治りません。**

**回答**　一度ついたクセは、練習方法を見直さなければ改善は難しいです。第4章のイップスレベル診断を行い、改善方針に従って、クセを上書きするスモールステップの練習メニューを作っていきましょう。

改善は十分可能なので、安心して取り組んでみてください。

**質問⑥　いろいろな方法を試しているが、上手くいきません。**

**回答**　ネットやちょっとしたアドバイスなど、断片的な情報では、あなたのイップスレベルに合っていない可能性もありますし、上手くいく可能性のほうが低いでしょう。

上手くいかない原因が必ずあるので、本書を読んで、どのような順番で克服すればいいのか、指示に従って段階的にトレーニングしていきましょう。

以上が、よくある質問とその回答です。

紹介した質問以外にも、希望があればＬＩＮＥにて相談を受け付けています。自分の症状を個別に見てアドバイスをもらいたい方や、イップスで悩んでいてすぐに克服したいという方は、公式ＬＩＮＥに友だち追加してみてください。

読者限定特典として、イップスを克服した選手のインタビュー音声や、ＬＩＮＥでのチャット無料個別相談、その他、イップスを克服するための最新情報を配信しています。興味のある方はお早めに。スマホでＱＲコードを読み取るか、ＬＩＮＥで「@ywa7730f」をＩＤ検索して、友だち追加してみてください（@を忘れずに）。

公式 LINE アカウント

## 第６章のまとめ

①トレーニングなしでイップスを克服するのは難しい。
②緊張度を無視して練習してはいけない。
③５つのルールを守って、スモールステップを実践していく。
④イップスを再発させないためには、良かったときのフォームを言語化して覚えておくこと。
⑤まずは、「こうすれば大丈夫」という状態を目指していく。

# おわりに

最後まで読んでいただき、ありがとうございます。

イップスについて理解は深まったでしょうか？　今回紹介したトレーニング方法を最大限活用して、イップス克服に向けて頑張ってください。

本当に大事なことは、イップスをきっかけにして今後の生き方にプラスになることです。競技を続けていると、いつの間にか目的がすり替わってしまうことは多々あります。結果ばかりに追われて疲弊する選手、周りの期待に応えなければいけないと自分で自分を追い詰めてしまう選手、真面目にストイックに取り組んできた選手だからこそ、ハマってしまう落とし穴です。

イップスは、そんな状態にSOSを出してくれています。だからこそイップスについて正しく知り、克服に向けたトレーニングをすると同時に、競技を続けている目的や、今後どこを目指していきたいか、ぜひ一度時間を取ってゆっくり考えてみてください。きっと、いろいろと抱え込んでいたことに気がつくはずです。そしてかなり楽になると思います。

その経験が今後の人生において、迷ったりスランプに陥ったり、悩んだりしたときに役に立ちます。イップスになった経験を、今後の人生において活かせるだけ活かしてください。あなたの人生が良いものになるよう心から応援しています。

本書の内容でわからないことや個別相談をしてみたい方は、まずは公式LINEにて無料相談を受け付けています。YouTubeでも動画配信してますので、動画を見てから相談してみるという順番でも構いません。「イップス研究家」で検索して、気になった動画をチェックしてください。

あなたとお会いできることを楽しみにしています。そして、一緒にイップスを克服した喜びを味わいましょう。

**イップス研究家　谷口智哉**

# 「イップスレベル診断シート」の設問解説

参考のため「イップスレベル診断シート」（130〜131ページ）の設問解説を行います。

実際は、個別カウンセリングを行った上でイップスレベルを判定していますが、本書ではセルフチェックというかたちで行いました。各設問にどのような目的があるのか解説をします。

**◎質問1「自分はおそらくイップスだと思う」**

この質問をすることで、大まかにイップスレベルを知るきっかけになります。YESと答えた場合、イップスの症状がごまかせなくなっている状態である可能性が高いです。

NOと答えた場合は、イップスなのかどうなのか、よくわからない状態だと考えられるため、動作に影響が出ていない状態か、そもそもイップスについてよくわかっていないかどちらかだと思います。前者の場合、イップスレベルは低い可能性が高く、後者の場合、後の質問で深掘りしていくことになります。

**◎質問2「以前に比べて明らかに下手になったと感じる」**

この質問の狙いとしては、できていた自分と、現在の自分との差がどれくらいなのか、大まかに把握することです。

イップスレベル4～5になっていくと、明らかに技術レベルに支障が現れるため、YESと答える確率が高いです。一方で、技術にはあまり影響が及んでいない段階の選手は、NOと答えるのではないかと想定しました。

**◎質問3「自分の異変を多くの人に気づかれている」**

この質問では、イップスレベルの深堀りを狙いとしています。イップスレベル3～5の段階になると、周りに気づかれるほどミスの頻度が増えたり、動作に悪影響を及ぼしたりします。

何らかの異変に気づかれているかそうでないかは、イップスレベルを判定するための大事な要素であると考えました。

**◎質問4「ほぼ毎回、特定の動作で硬直・不自然な動きになる」**

この質問では、動作に異常が起こる頻度を知るための質問です。この質問にYESと即答する選手は、イップスレベル5で間違いないと思います。

これに当てはまらないのであれば、違うレベルの可能性が高いため、別の質問でレベルを判定していきます。

**◎質問5「自分はやらかしてしまうタイプだと思う」**

この質問では、自己効力感を大まかに把握することを狙いとしています。自己効力感とは、自分がある状況において必要な行動を上手く遂行できると、自分の可能性を認知していることを指します。カナダ人心理学者アルバート・バンデューラが提唱した理論です。

ここでYESと答える人は、自己効力感が低い可能性があります。これがイップスとどのように関係しているのかというと、緊張度を決める要因に影響があります。自己評価によって緊張度は決まるのですが、実際の成功確率よりも低く見積もる傾向が高いため、緊張度が必要以上に高くなってしまいます。

**◎質問6「緊張すると実力を発揮しづらいタイプだと思う」**

この質問では、緊張に対する捉え方を見ています。

緊張は、適度な状態にすることでパフォーマンスレベルを高めてくれる働きをしてくれます。しかし、緊張に対してネガティブなイメージを持っていると、緊張を感じた瞬間、過度な状態に位置しやすくなります。そうなると、ヤーキーズ・ドットソンの法則でもわかるように、パフォーマンスレベルは下がってしまいます。つまり、イップスが悪化しやすい傾向にあります。それを確認します。

**◎質問7「試合中、やらかさないかビクビクしている」**

この質問では、試合に対するパフォーマンスレベルの発揮傾向を見ています。ミスに対してフォーカスがいきやすい選手は、イップスが悪化しやすい傾向にあります。

◎**質問8「ミスが増えていて、一瞬硬直するなど、動作に支障が現れる」**

この質問では、イップスの悪化がどれだけ進んでいるのかを確認しています。何らかの場面になって動作に異常が見られる場合は、悪化傾向にあります。

◎**質問9「自分の現状を不安に感じている」**

この質問では、不安傾向を見ています。今の状態に対して、ある程度自信を持てているか？　それとも持てていないか？　これを大まかに把握することを狙いとしています。

特に不安を持っていない人に関しては、イップスレベル1「瞬間的な違和感」もしくは「問題なし」であると判断しました。

◎**質問10「違和感を覚えるきっかけを把握している」**

この質問では、明確なきっかけの有無を確認しています。重度のイップスの選手は、今まで悩んできているため、なぜこうなったのか、自ら考えて何らかの1つの答えを持っています。

きっかけを覚えていない選手は、イップスになって時間があまり経っていないか、悩みがそこまで深くない可能性があります。

◎**質問11「ごまかして乗り切る手段を編み出している」**

この質問では、ごまかせる範囲のレベルか、その範囲を超えているか？　について確認しています。

軽度のイップスであれば、ごまかせる手段を持っていなくても、何とか通用するケースもありますが、重度になるとそうはいきません。何らかの乗り切る手段を開発すると思われます。つまり、手段を持っていれば、それだけ悩んでいるということがわかります。

**◎質問12「見た目の動作に影響はないが、とんでもないミスをすることがよくある」**

この質問では、イップスの悪化傾向を確認するために用意しています。動作に支障はないものの、とんでもないミスをするということは、重度のイップスになる一歩手前であることがわかります。

**◎質問13「明確に苦手になった動作がある」**

この質問では、イップスに対する認識の有無を確認しています。イップスは何らかの場面によって起こる症状であるため、苦手意識を明確に自覚していれば、イップスレベル2以上の段階だと考えます。

一方で、特に気になっていない状態であれば、まだ心配するほどではないと判定しています。

**◎質問14「自分の現状を周りに相談している」**

この質問では、イップスの悪化傾向を深掘りするために用意しています。今の状態を誰かに相談している状態は、イップスがある程度、悪化していて、相談するべきだと判断して行動に移している状態だと思われます。そのため、軽度のイップスではない可能性が高いです。

**◎質問15「練習量は周りより多いタイプ」**

この質問では、練習量に対する考え方について確認しています。イップスを悪化させるには練習量が必要になります。動作に影響を及ぼすイップスレベル4以上の選手は、人一倍練習を重ねている選手がかなり多いです。

そのため、この質問でイップスの悪化傾向を大まかに把握することができると考えています。

**◎質問16「場面によっては、ごまかしきれず動作にも支障が出る」**

この質問では、イップスの悪化傾向を確認するために用意しています。イップスレベルを判定する上で、動作に影響があるかないかは、かなり重要なポイントになります。

学習の4段階でも説明していますが、イップス動作が、4段階目の「無意識的にできる」状態に限りなく近づいています。すでにその段階か、まだその段階ではないか判断するための質問です。

以上が、「イップス診断シート」で用意した設問の解説です。質問の意図を理解すると、イップスを克服するためのヒントが得られると思います。

**著者◎谷口智哉** たにぐち ともや

イップス研究家。中学時代、全国優勝を経験。その後、推薦で慶應義塾高校に入学したが、ある試合をきっかけにイップスになりベンチ外で高校野球を引退。その悔しさを晴らすべく約5年間の練習の末、慶応大学野球部時代にイップスを克服。引退後、同じように悩みを持つ選手を助けたいという思いからイップス研究家として活動を開始。YouTubeやSNSを通じて情報発信し､大きな反響を呼ぶ。公式LINEの登録者は3000名以上。個別カウンセリングやオンライン指導、対面指導、セミナーなどを通して全国のイップスで悩んでいる様々な競技の選手を救い続けている。その活動はスポーツ紙やニュース等でも多数紹介されている。

◎公式LINE　@ywa7730f
◎ YouTubeチャンネル
「トモヤ@イップス研究家」

書籍コーディネート●小山睦男（インプループ）
本文デザイン●澤川美代子
装丁デザイン●やなかひでゆき

---

# 図解でわかる！
# イップスの克服
## 個別メニュー作成と段階的トレーニングで治す

2021年4月5日　初版第1刷発行

著　者　　谷口智哉
発行者　　東口敏郎
発行所　　株式会社BABジャパン
〒151-0073 東京都渋谷区笹塚1-30-11　4・5F
TEL　03-3469-0135　FAX　03-3469-0162
URL http://www.bab.co.jp/
E-mail　shop@bab.co.jp
郵便振替 00140-7-116767
印刷・製本　中央精版印刷株式会社

ISBN978-4-8142-0382-6 C2075



---